现代礼仪
实训指导

戴晓丹　郭雪 ◎ 主编
李薇薇　宋明　王子寒 ◎ 副主编

清华大学出版社
北京

内 容 简 介

本书分为导入篇、操作篇和总结篇三大部分,共 12 章 34 个模块。在导入篇,重点安排实训动员和组建团队共 6 个模块,为下一步的操作训练和情景剧汇报表演做好准备。在操作篇,安排了个人形象礼仪训练、日常交往礼仪训练、宴请礼仪训练、职场礼仪训练、涉外礼仪训练、公共礼仪训练、沟通礼仪训练、仪式礼仪训练共 23 个模块,不但介绍了相应的知识要点,而且根据知识要点为学生设计了训练题目、案例分析训练。在总结篇,设置了礼仪情景剧编排、表演、总结交流和实训总结共 5 个模块,综合检验学生对礼仪知识的掌握程度。本书实用性强,能够起到良好的实训效果,适合本科高等院校、高等职业院校作为礼仪实训教材。

图书在版编目(CIP)数据

现代礼仪实训指导 / 戴晓丹,郭雪主编. —北京:清华大学出版社,2020.2(2024.1重印)

ISBN 978-7-302-54811-9

Ⅰ. ①现… Ⅱ. ①戴… ②郭… Ⅲ. ①礼仪－高等学校－教材 Ⅳ. ①K892.26

中国版本图书馆 CIP 数据核字(2020)第 005646 号

责任编辑:孟毅新
封面设计:常雪影
责任校对:刘 静
责任印制:沈 露

出版发行:清华大学出版社
   网 址:https://www.tup.com.cn,https://www.wqxuetang.com
   地 址:北京清华大学学研大厦 A 座   邮 编:100084
   社 总 机:010-83470000   邮 购:010-62786544
   投稿与读者服务:010-62776969,c-service@tup.tsinghua.edu.cn
   质量反馈:010-62772015,zhiliang@tup.tsinghua.edu.cn
印 装 者:三河市龙大印装有限公司
经 销:全国新华书店
开 本:185mm×260mm 印 张:10.75 字 数:242 千字
版 次:2020 年 4 月第 1 版   印 次:2024 年 1 月第 8 次印刷
定 价:38.00 元

产品编号:083886-01

　　"礼仪实训"是当代大学生必修的实践课程,对学生本人来说也是一次提高综合素质的机会。礼仪实训能够使大学生树立正确的学习观,把学习的外在知识内化为自身较高的素养,有利于建立良好的学风和人际关系,为大学生集体生活及未来就业的奠定基础。学生的礼仪训练是综合素质教育中重要的一部分,有礼有仪更是现代人才必备的职业素养。通过礼仪实训,学生能够了解礼仪在社会交往中的意义,掌握基本的礼仪知识,以及相应的语言表达和沟通技巧。

　　随着社会的发展,社交礼仪在人们的生活中越来越受到重视,国内外礼仪类书籍逐渐受到人们的青睐。现有书籍的种类较多,如素养培养类、行业培训类、教学类等,本书属于教学类实训用书。本书分为导入篇、操作篇和总结篇三大部分,共12章34个模块。每个模块有若干实训任务,每个实训任务分为训练目标、训练准备、训练内容和训练题目4部分,每个模块配有案例分析。本书涉及的内容是礼仪学的基础内容,编者力求通过简洁的文字、精练的内容、有效的训练、合理的测评,让学生了解、掌握基本的个人形象礼仪、日常交往礼仪、宴请礼仪、职场礼仪、涉外礼仪、公共礼仪、沟通礼仪、仪式礼仪等知识,同时养成良好的礼仪习惯,为其将来的职业生涯奠定良好的基础,从而全面提高社会竞争力。本书内容涉及面广,实用性强,对内容的科学设计有助于学生在有限的时间内掌握核心知识。

　　本书中的实训内容、模块设计及学时安排如下表所示。

实 训 内 容		模 块 设 计	学时安排
导入篇	第1章　实训动员	模块1　中国礼仪的起源和发展	2学时
		模块2　大学生学习礼仪的意义	
		模块3　大学生应遵守的礼仪原则	
	第2章　组建团队	模块1　团队的建立	2学时
		模块2　团队内部沟通	
		模块3　团队文化展示	

实 训 内 容	模 块 设 计		学时安排
第3章　个人形象礼仪训练	模块1　仪表礼仪		4学时
	模块2　仪态礼仪		
	模块3　服饰礼仪		
第4章　日常交往礼仪训练	模块1　会面礼仪		3学时
	模块2　送访礼仪		
	模块3　馈赠礼仪		
第5章　宴请礼仪训练	模块1　中餐礼仪		3学时
	模块2　西餐礼仪		
	模块3　宴会礼仪		
第6章　职场礼仪训练	模块1　求职面试礼仪		2学时
	模块2　办公室礼仪		
第7章　涉外礼仪训练	模块1　涉外礼仪		2学时
	模块2　外国礼俗及禁忌		
第8章　公共礼仪训练	模块1　行路乘车礼仪		2学时
	模块2　文体娱乐礼仪		
	模块3　其他公共场所礼仪		
第9章　沟通礼仪训练	模块1　交谈礼仪		2学时
	模块2　网络通信礼仪		
	模块3　书信礼仪		
第10章　仪式礼仪训练	模块1　开业仪式礼仪		2学时
	模块2　剪彩仪式礼仪		
	模块3　签约仪式礼仪		
	模块4　交接仪式礼仪		
第11章　实训成果分享	模块1　礼仪情景剧编排		2学时
	模块2　礼仪情景剧表演		
	模块3　礼仪情景剧总结交流		
第12章　实训总结	模块1　阅读材料		课外
	模块2　实训报告		
总学时	26学时		

（操作篇，总结篇）

说明：各学校可根据具体情况安排学时，一周实训课建议开设20～26学时（部分训练内容可安排在课后完成）；如果是一学期的理论课＋实践课，操作篇每章可增加 1 学时的课上训练与考核，即可安排 34 学时。

使用本书作为礼仪训练教材时，建议采用以下教学方法。

（1）讲授法。指导教师通过口头语言向学生传授知识、培养其能力。在理论教学过程中主要以讲授的形式进行，要求指导教师阅读大量的关于礼仪知识的参考文献。

（2）示范法。在教学过程中，除理论知识外，还有一些互动环节，如站姿、坐姿、微笑训练、领带、丝巾打法培训，介绍、握手、打电话、递接名片实际操作等环节，需要指导教师进行示范，然后学生进行操作。

（3）案例分析法。在书中的案例分析部分，指导教师须组织学生进行讨论，帮助学生从案例中得出结论，结合自身实际写出感受，树立正确的人生观、价值观。

（4）多媒体教学法。现代礼仪课程应该充分利用现代化教学手段，增强课堂教学的直观性、趣味性和多样性，为学生的学习构建一种轻松、愉快的环境和氛围。在实训过程中指导教师可安排学生搜集图片与视频资料，制作电子课件，通过参与增强学生的学习兴趣。

（5）情景模拟教学法。礼仪实训的目的之一是使学生能学以致用，所以应要求学生多参与实践，即在训练中，为学生设定一定的情景，进行角色扮演。在角色扮演的过程中，学生要把所学应用于情景之中。此外，还可以开展礼仪知识竞赛、情景剧大赛等校园活动。

在学习过程中，学生需要注意以下事项。

（1）本书使用完毕要存档归案，请学生务必精心使用、认真填写、妥善保管。学生上课时请携带和使用本书。

（2）实训前要明确实习目的、实训的基本内容，结合专业制订实训计划，以确保实训效果。

（3）虚心接受指导教师的指导和安排，遵守实训纪律及各项规章制度。

（4）做好实训，严格按照实训具体内容的范围全面搜集相关资料，并进行整理分析。

（5）所有学生必须严格按照规定时间进行活动，否则视情节降低或取消实训成绩；针对小组活动，指导教师将采取多种方式进行抽查。

编者建议的考核方式如下。

礼仪实训考核与一般理论课不同，更注重对学生的实训过程考核。本书每章学习结束后附成绩考核表一张，每章满分为 100 分，指导教师把每章的实际成绩填写在本书最后的礼仪实训成绩考核总表的"总分"一栏中，根据每章内容的重要程度不同，设定不同的权重，然后算出每章的实际得分。每章的实际得分之和即为学生的总成绩。

本书由戴晓丹、郭雪担任主编，提出本书的基本思路和编写大纲，负责全书的统稿工作。本书的编写分工如下：郭雪（沈阳工学院）编写第 1、2 章，戴晓丹（沈阳工学院）编写第 3～5 章，李薇薇（沈阳工学院）编写第 6～8 章，宋明（沈阳工学院）编写第 9～11 章，王子寒（沈阳工学院）编写第 12 章。在本书的编写过程中，沈阳工学院女工部、礼仪社团的同学们积极配合、协助留存图片资料；校企合作单位——上海皇廷酒店管理集团提供了拍摄场地及技术指导，编写人员在此特别表示感谢。本书为沈阳工学院酒店管理专业校企合作成果之一。

在本书的编写过程中,编者借鉴和参阅了大量相关书籍、教材、互联网资料,有些资料无从核实准确出处,在此,谨向所有相关作者表示诚挚的感谢。尽管团队在编写过程中精心撰写、认真审校,仍难免有不足之处,恳请各位专家、学者不吝赐教,使成果日臻完善,为学生提供更丰富的教学资源。

编　者

2020 年 1 月

总　结　篇

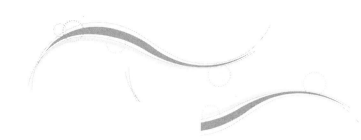

导入篇

第 1 章 实训动员

实 训 安 排

模 块 设 计	学 时 安 排
模块 1 中国礼仪的起源和发展	
模块 2 大学生学习礼仪的意义	2 学时
模块 3 大学生应遵守的礼仪原则	
总学时	2 学时

模块 1 中国礼仪的起源和发展

【训练目标】

(1) 了解礼仪是人们在长期社会实践中形成的一种行为准则。

(2) 了解我国为何以"礼仪之邦"著称于世。

(3) 了解礼仪的起源和发展历程。

【训练准备】

本实训指导书。

【训练内容】

作为一种文化现象,礼仪最早起源于原始社会人们对无法解释的自然现象的崇拜中。远古时期,由于生产力水平极其低下,人类的生存环境极其恶劣,人们认知世界的能力有限,对许多自然现象无法做出科学的解释,便形成了对日月星辰、风雨雷电、山川丘陵、凶禽猛兽的崇拜。在崇拜中人们创造了神话,如中国的女娲补天以及大禹治水等。有了神话,便创造了祭神仪式,于是,以祭天、敬神为主要形式的礼仪产生了。

按照历史唯物主义的观点,礼仪是社会历史的产物,是人类脱离动物界并形成人类社会以后在长期的生产实践中逐步形成的。大量的历史学材料证明,原始社会时期,同一氏族成员在共同的采集、狩猎、饮食生活中形成的习惯性的语言、表情、动作是构成礼仪的萌芽;不同氏族、部落间为沟通而使用的一些被普遍认同的语言、动作、表情,可以看作礼仪的最初形态。随着社会分工的出现和生产力的发展,人们在社会中逐渐形成一些群体内部或群体之间应该如何和不应该如何的观念,反映等级权威的礼制和协调社会关系的礼俗逐渐产生。随着阶级和国家的出现,人类进入了文明时代,礼仪的形态逐渐成熟,从而使人和动物、文明和愚昧区别开来。

1. 礼仪的萌芽时期

在长达 100 多万年的原始社会历史中,人类逐渐开化。在原始社会中晚期(约旧石器时期)出现了早期礼仪的萌芽。例如,生活在距今约 1.8 万年前的北京周口店的山顶洞人,就已经知道打扮自己。他们用穿孔的兽齿、石珠作为装饰品挂在脖子上。而他们在去世的族人身旁撒放赤铁矿粉,举行原始宗教仪式,则是迄今为止在中国发现的最早的葬仪。

2. 礼仪的草创时期

公元前 1 万年左右,人类进入新石器时期,不但能制作精细的磨光石器,而且开始从事农耕和畜牧。在其后的数千年岁月里,原始礼仪渐具雏形。例如,在今西安附近的半坡遗址中,发现了约 5000 年前的半坡人的公共墓地,墓地中坑位排列有序,死者的身份有所区别,有带殉葬品的仰身墓,还有无殉葬品的仰身墓等。此外,仰韶文化时期的其他遗址及相关资料表明,当时人们已经注意尊卑有序、男女有别;长辈坐上席,晚辈坐下席;男子坐左边,女子坐右边等礼仪日趋明确。

3. 礼仪的形成时期

公元前 21 世纪至公元前 771 年,金属器具的使用使农业、畜牧业和手工业生产跃上一个新台阶。随着生活水平的提高,社会财富除消费外有了剩余并逐渐集中在少数人手里,因而出现了阶级及阶级对立,原始社会由此解体。

公元前 21 世纪至公元前 17 世纪的夏朝,中国进入早期奴隶社会。在此期间,尊神活动日益升温。在原始社会,由于缺乏科学知识,人们对一些自然现象不理解,猜想照耀大地的太阳是神,风有风神,河有河神……因此,他们敬畏"天神",祭祀"天神"。从某种意义上说,早期礼仪是指原始社会人类生活的若干准则,又是原始社会宗教信仰的产物。礼的繁体字"禮",左边代表神,右边是向神进贡的祭物。因此,汉代学者许慎说:"礼,履也,所以事神致福也。"(《说文解字》)

以殷墟为中心展开活动的殷人,在公元前 16 世纪至公元前 11 世纪活跃在华夏大地。他们建造了中国第一个古都——殷都,而他们在婚礼习俗上的建树,被其尊神、信鬼的狂热所掩盖。

推翻殷王朝并取而代之的周朝,对礼仪建树颇多。特别是周武王的兄弟、辅佐周成王的周公,对周朝礼制的确立起到重要作用。他制作礼乐,将人们的行为举止、心理情操等都纳入一个尊卑有序的模式中。全面介绍周朝制度的《周礼》,是中国流传至今的第一部礼仪专著。《周礼》本为一官职表,后经整理,成为讲述周朝典章制度的著作。《周礼》原有 6 篇,详细介绍了 6 类官名及其职权。"六官"分别是天官、地官、春官、夏官、秋官和冬官。其中,天官主管宫事、财贷等;地官主管教育、市政等;春官主管五礼、乐舞等;夏官主管军旅、边防等;秋官主管刑法、外交等;冬官主管土木、建筑等。

春官主管的"五礼"即吉礼、凶礼、宾礼、军礼和嘉礼,是周朝礼仪制度的重要方面。吉礼,主要指祭祀的典礼;凶礼,主要指丧葬礼仪;宾礼,主要指诸侯对天子的朝觐及诸侯之间的会盟等礼节;军礼,主要包括阅兵、出师等仪式;嘉礼,主要包括冠礼、婚礼、饮酒礼等。由此可见,许多基本礼仪在商末周初已基本形成。此外,成书于商周之际的《易经》和在周朝大体定型的《诗经》,也有一些涉及礼仪的内容。而相见礼和婚礼(包括纳采、问名、纳吉、纳徵、请期、亲迎"六礼")成为定式,流行民间。此外,尊老爱幼等礼仪,也已明显确立。

4. 礼仪的发展、变革时期

西周末期,王室衰微,诸侯纷起争霸。公元前 770 年,周平王东迁雒邑(今洛阳),史称"东周"。承继西周的东周王朝已无力全面恪守传统礼制,出现了所谓"礼崩乐坏"的局面。

春秋战国时期是我国奴隶社会向封建社会转型的时期,在此期间,相继涌现出孔子、孟子、荀子等思想巨人,发展和革新了礼仪理论。

孔子(前 551—前 479)是中国古代大思想家、大教育家。他首开私人讲学之风,打破贵族垄断教育的局面。他删《诗》《书》,定《礼》《乐》,赞《周易》,修《春秋》,为历史文化的整理和保存做出了重要贡献。他编订的《仪礼》,详细记录了战国以前贵族生活的各种礼节仪式,与前述《周礼》和孔门后学编的《礼记》合称"三礼",是中国最早、最重要的礼仪著作。孔子认为,"不学礼,无以立。"(《论语·季氏篇》)"质胜文则野,文胜质则史。文质彬彬,然后君子。"(《论语·雍也》)他要求人们用道德规范约束自己的行为,要做到"非礼勿视,非礼勿听,非礼勿言,非礼勿动"。(《论语·颜渊》)他倡导的"仁者爱人",强调人与人之间要有同情心,要相互关心,彼此尊重。总之,孔子较系统地阐述了礼及礼仪的本质与功能,把礼仪理论提高到一个新的高度。

孟子(前 372—前 289)是战国时期儒家的主要代表人物。在政治思想上,孟子把孔子的"仁学"思想加以发展,提出了"王道""仁政"学说和"民贵君轻"学说,主张"以德服人"。在道德修养方面,他主张"舍生取义"(《孟子·告子上》),讲究"修身"和培养"浩然之气"等。

荀子(前 298—前 238)是战国末期的大思想家。他主张"隆礼""重法",提倡礼法并重。他说:"礼者,贵贱有等,长幼有差,贫富轻重皆有称者也。"(《荀子·富国》)荀子指出,"礼之于正国也,犹权衡之于轻重也,如绳墨之于曲直也。故人无礼不生,事无礼不成,国无礼不宁。"(《荀子·大略》)荀子还指出,不仅要有礼治,还要有法治,只有尊崇礼,法制完备,国家才能安宁。荀子重视客观环境对人性的影响,倡导学而至善。

从这些思想家的言论中不难看出,礼仪是适应调节人际关系的需要而产生和发展的。

5. 礼仪的强化时期

封建社会的礼仪习俗有了新的变化,礼仪规则分化为与国家政治息息相关的礼仪制度和社会交往中应遵守的行为规范两个部分。

公元前 221 年,秦王嬴政统一六国,建立了中国历史上第一个中央集权的封建王朝。秦始皇在全国推行"书同文""车同轨""行同伦"。秦朝制定的集权制度,成为后来延续两千余年的封建体制的基础。

西汉初期,叔孙通协助汉高祖刘邦制定了朝礼之仪,发展了礼的仪式和礼节。西汉思想家董仲舒(前179—前104),把封建专制制度的理论系统化,提出"唯天子受命于天,天下受命于天子"的"天人感应"之说(《汉书·董仲舒传》)。他把儒家礼仪具体概括为"三纲五常"。"三纲",即君为臣纲、父为子纲、夫为妻纲;"五常",即仁、义、礼、智、信。汉武帝刘彻采纳董仲舒"罢黜百家,独尊儒术"的建议,使儒家礼仪成为定制。

汉朝时,孔门后学编撰的《礼记》问世,共49篇,包罗万象。其中,有讲述古代风俗的《曲礼》(第1篇);有谈论古代饮食、居住进化概况的《礼运》(第9篇);有记录家庭礼仪的《内则》(第12篇);有记载服饰制度的《玉藻》(第13篇);有论述师生关系的《学记》(第18篇);还有训导人们道德修养的途径和方法,即"修身、齐家、治国、平天下"的《大学》(第42篇)等。《礼记》堪称集上古礼仪之大成,上承奴隶社会、下启封建社会的礼仪汇集,是封建时朝礼仪的主要源泉。

盛唐时期,《礼记》由"记"上升为"经",成为"礼经"三书之一。

宋朝时期,出现了以儒家思想为基础,兼容道学、佛学思想的理学,程颢、程颐兄弟和朱熹为其主要代表。"二程"认为:"父子君臣,天下之定理,无所逃之天地间。"(《二程遗书》卷五)"礼即是理也。"(《二程遗书》卷二十五)朱熹进一步指出,"仁莫大于父子,义莫大于君臣,是为三纲之要,五常之本。人伦天理之至,无所逃于天地间。"(《朱子文集·癸未垂拱奏礼·二》)朱熹的论述使"二程"的"天理"说更加严密、精致。

宋朝时期礼仪发展的另一个特点是家庭礼仪研究硕果累累。在大量家庭礼仪著作中,以北宋史学家司马光的《涑水家仪》和南宋理学家朱熹的《朱子家礼》最为著名。

明清时期,理论虽没有发展,但名目增多,礼仪的形式也更加完善,例如,家礼的名目有忠、贞、节、烈、孝,此外,君臣之礼、尊卑之礼、交友之礼等更加明确。

6. 现代礼仪时期

辛亥革命为西方资产阶级革命的理性思想传入中国提供了契机,改变了封建落后的政治体制,人们的生活面貌、风俗礼仪也随之发生了深刻的变化,传统的礼仪规范、制度逐渐被时代抛弃,自由、平等取代了宗法等级制。随着科学、民主、自由、平等的观念逐渐深入人心,新的礼仪标准、价值观念开始推广和传播,现代礼仪的帷幕正式拉开。

7. 当代礼仪时期

1949年10月1日,中华人民共和国宣告成立,中国的礼仪建设进入了一个崭新的历史时期。

此后,昔日束缚人们的"神权天命""愚忠愚孝"以及严重束缚妇女的"三从四德"等封建礼教被摒弃,确立了"同志式"的合作互助关系和男女平等的新型社会关系,而尊老爱幼、讲究信义、以诚待人、先人后己、礼尚往来等中国传统礼仪中的精华,则得到继承和发扬。

1978年,中国共产党第十一届中央委员会第三次全体会议以来,中国的礼仪建设进入新的全面复兴时期。从推行文明礼貌用语到积极树立行业新风,从开展"18岁成人仪式教育活动"到制定市民文明公约,各行各业的礼仪规范纷纷出台,讲文明、重礼貌蔚然成风。

2006 年 3 月,以"八荣八耻"为主要内容的社会主义荣辱观,简要概括了新时期社会主义道德规范,继承了中华民族的传统美德,体现了新形势下的时代要求与精神面貌,明确了当代人最基本的行为准则,是科学发展观的重要组成部分,是新形势下社会主义思想道德建设的行动指南。

2012 年,中国共产党第十八次全国人民代表大会首次提出,要倡导富强、民主、文明、和谐,倡导自由、平等、公正、法治,倡导爱国、敬业、诚信、友善,积极培育和践行社会主义核心价值观。这一倡导将国家、社会、公民的价值要求融为一体,体现了社会主义的本质要求,继承了中华优秀传统文化。习近平总书记强调,要"坚守我们的价值体系,坚守我们的核心价值观",按照社会主义核心价值观基本要求,健全各行各业规章制度、行为准则,使社会主义核心价值观成为人们日常工作生活的基本遵循,建立和规范礼仪制度,传播主流价值,增强人们的认同感和归属感,使社会主义核心价值观内化为人们的精神追求,外化为人们的自觉行动。

【训练题目】

孟子对"五伦"有简要的阐述:"父子有亲、君臣有义、夫妇有别、长幼有序、朋友有信。"通过对本模块的学习,任选其中一项,谈谈你对"五伦"的理解。

_____

_____

_____

_____

_____

案例分析

案例:

元朝时,胡石塘应聘入京,元世祖忽必烈召见。上朝时,胡石塘头戴斗笠,稍有歪斜,忽必烈问他学的是什么,胡石塘答道:"治国平天下之学。"忽必烈笑道:"自家的斗笠尚不端正,又怎能平天下呢?"于是就未用他。

问题:

(1) 胡石塘因为斗笠歪斜、不拘小节而葬送了前程,你认为忽必烈是小题大做吗?

分析:_____

_____

_____

(2) 你是怎样理解"小处不可随便"这句话的?

分析:_____

_____

_____

模块 2　大学生学习礼仪的意义

【训练目标】

了解学习礼仪的意义,进而认知礼仪在生活中的作用。

【训练准备】

本实训指导书。

【训练内容】

1. 塑造良好的个人形象

个人形象,是一个人仪容、表情、举止、服饰、谈吐、教养的综合体现。形象是一个人的外观和形体在与人交往中给对方形成的总体印象,是影响交际能否融洽、是否成功的重要因素。礼仪具有塑造形象的功能,在交际活动中,人们的言谈举止、举手投足都作为一种潜在的信息传递给对方,良好的礼仪表现可以树立良好的形象,进而得到别人的信任和尊重。学习礼仪知识,有助于大学生更好、更规范地展示个人良好的教养和优雅的风度,塑造良好的个人形象。礼仪是塑造形象的非常重要的手段,在社交活动中,言谈、着装、行为讲究礼仪,可以使人显得高雅、大方,充满魅力。同时,良好的个人形象也是塑造企业形象和国家形象的前提。

2. 促进人与人之间的理解和沟通

沟通是当代人生活中的一大主题。通过沟通可以表达人与人之间良好的情感,礼仪是人际沟通中的桥梁,它是联系人与人、群体与群体之间关系的纽带。尊重是现代礼仪的核心,礼仪本身从内容到形式都是尊重他人的具体体现。尊重他人是赢得他人尊重的前提。只有相互尊重,人与人之间的关系才会融洽、和谐。每个人以优雅的举止、温柔的言语进行心理与情感的交融,增添融洽的气氛,这有利于人际关系和谐发展,有利于人际沟通。良好的礼仪形式、礼仪活动在处理人际关系中会起到良好的调节作用。从一定意义上说,礼仪是人际关系和谐发展的润滑剂。在大学生活中,由于每个人的个性不同,人际交往的技巧会有所差异,人际关系如果处理得当,会使大学生活更加多姿多彩。大学生在交往过程中按照礼仪的规范去做,有助于建立彼此间互相尊重和真诚友好的情感,缓解或避免某些不必要的隔阂与误解。

3. 展示自身的修养与风度

在人际交往中,礼仪的使用能衡量出一个人的道德修养水平。它不仅反映着一个人的交际技巧和应变能力,还反映着一个人的气质风度、阅历见识、道德情操和精神面貌。也就是说,通过一个人对礼仪的运用程度,可以察其修养的高低、文明的程度和道德的水准。从社会教育的角度来看,礼仪是人的社会化的重要内容之一,能促进人类文化的延续和文明程度的提高,一个具有悠久历史和灿烂文化的民族,必定是一个讲文明、懂礼仪的民族,其历史的发展才能源远流长。大学生在日常交往中遵守礼仪、运用礼仪,将有助于提高个人的修养、气质风度,从而促进全社会精神文明的发展。

4. 增强社会竞争力

社会竞争日益激烈,人人都要转变观念,增强竞争意识,掌握竞争手段,提高竞争能力,从而在激烈的竞争中立于不败之地。英国哲学家约翰·洛克认为:"没有良好的礼仪,其余的一切就都会被别人看成骄傲、自负、无用和愚蠢。"荀子也说过:"人无礼则不生,事无礼则不成,国无礼则不宁。"当代社会对大学的要求越来越高,除具备专业技能外,还注重大学生的综合素养,其中包括人际交往技巧、团队合作能力、个人修养与品位、抗挫折能力以及应变能力等,礼仪知识的学习和运用有助于大学生提高自身的综合素养,在激烈的社会竞争中脱颖而出。

5. 利于建立良好的人际关系

孟子说:"礼之实,节文斯二者是也。"意思是说,礼仪的实质内容,就是调节修饰的作用。调节,主要是调节人际关系与人际交往;修饰,主要是修饰语言,修饰服装。礼仪对交际活动中的人际矛盾起润滑剂的作用,对人际关系发挥良好的协调功能,使人们友好相处,社会井然有序。人与人之间的各种关系都是以交往为基础的,在人的整个社会化过程中,如果忽略了礼仪知识的学习,不懂得如何与他人建立良好的人际关系,就会在激烈的社会竞争中被淘汰。美国学者卡内基认为:"事业的成功85%在于良好的人际关系。"这里所说的人际关系,是指一种处理人际关系的能力,是大学生必备的能力之一。在现代社会里,交际能力强弱意味着获取信息本领的大小。现代社会是信息时代,谁能高效地获取并利用信息,谁就能在事业上取得成就。因此,掌握一定的礼仪知识,可以缩短人们之间的情感距离,缓解或避免不必要的人际冲突,有利于建立友好与合作的关系,进而获取更多的信息,在激烈的竞争中占据主动地位,为自己事业的发展创造良好的条件。

【训练题目】

通过对本模块的学习,谈谈你对"礼仪是现代职场通行证"的理解。

_____

_____

_____

_____

_____

案例分析

案例:

龙永图与几个朋友在瑞士的公园散步,上卫生间时,听到隔壁"砰砰砰"的响声,他有点纳闷。出来之后,一位女士很着急地问他有没有看到她的孩子,她的孩子进卫生间十多分钟了还没有出来,她又不能进去找。龙永图想起了隔壁卫生间里的响声,便进去打开卫生间门,看到一个七八岁的小男孩正在修抽水马桶,但是他怎么弄都抽不出水来,急得满头大汗。因为这个小男孩觉得他上卫生间不冲水是违背道德规范的。

问题:

(1) 你从这个小男孩身上学到了什么?

分析: _____

_____

_____

(2) 怎样才能树立国民的"规则"意识?

分析: _____

_____

_____

模块 3　大学生应遵守的礼仪原则

【训练目标】

(1) 了解在人际交往中应遵守的礼仪原则。

(2) 能依据所学原则处理人际关系。

【训练准备】

本实训指导书。

【训练内容】

1. 尊重原则

彼此尊重是礼仪的情感基础。在我们的社会中,人与人之间是平等的,尊重长辈,关心他人,说明一个人具有良好的素养。尊重他人首先要自尊自爱,不应以伪善取悦于人,更不可恃才傲物。此外,还应做到入乡随俗,尊重他人的喜好与禁忌。总之,对人尊敬与友善,是处理人际关系的一项重要原则。

2. 宽容原则

宽容即应宽待他人,不过分计较对方礼仪上的差错过失,心胸坦荡、豁达大度,能设身处地地为他人着想,谅解他人的过失,不计较个人得失。中国传统文化历来重视并提倡宽容的道德修养,并把宽以待人视为一种为人处世的基本美德。当他人有过错时,我们要"得理也让人",学会宽容对方,广交朋友。

3. 自律原则

礼仪的最高境界是自律,即在没有任何监督的情况下,仍能自觉地按照礼仪规范约束自己的行为。当代大学生不但要了解和掌握具体的礼仪规范,而且要在内心树立起一种道德信念和行为修养,从而获得内在的力量。在与人交往中,时时自省自己的行为是否符合礼仪规范,把礼仪规范变成自觉的行为、内在的修养。

4. 真诚原则

大学生要爱惜自己的形象与声誉,不仅要追求礼仪外在形式的完美,更要将礼仪视为情感的真诚流露与表现。在与人交往中应"一视同仁",对待交往对象不能厚此薄彼。具体运用礼仪时,可以因人而异,根据不同的交往对象,采取不同的礼仪形式,但是在对他人尊重态度上一定要一视同仁。

5. 适度原则

现代礼仪强调人际交往与沟通一定要适度,注意社交距离,控制情感尺度,应牢记过犹不及的道理。因此,礼仪行为要特别注意在不同情况下,礼仪程度、礼仪方式的区别,坚持因时、因地、因人的合宜原则。在人际交往中,沟通和理解是建立良好人际关系的重要条件,但如果不善于把握沟通时的情感尺度,即人际交往缺乏适度的距离,结果会适得其反。

【训练题目】

下面是关于人生的 10 条建议,请同学们酌情进行实践,然后交流心得体会。
(1) 生气的时候不要作任何决定。
(2) 学会礼貌而灵活地说"不"。
(3) 不要期望生活会是完全公平的。
(4) 每天称赞 3 个人。
(5) 经常说"谢谢"。
(6) 用你希望别人对待你的方式去对待别人。
(7) 结交新朋友。
(8) 保守秘密。
(9) 学会倾听。
(10) 学会独立思考。

案例分析

案例:

大学生小京和同学去某旅游景区游览,到了某购物店,他们想挑选些纪念品。销售人员热情地迎接了他们,笑容满面地向他们介绍商品。但逛了一阵儿,他们没有选到合适的东西,便准备离开。刚刚还笑容满面的销售人员,马上一改常态,冷冷地说了句:"不买还挑了这么长时间。"小京非常生气,但还是很客气地说了声:"不好意思,麻烦你了。"便离开了。

问题：

（1）销售人员做法有什么不当之处？

分析：_____

_____

_____

（2）你觉得小京处理得恰当吗？为什么？

分析：_____

_____

_____

考 核 表

考核内容	考核标准	分值	考核成绩
出勤情况	按时出席,不迟到、不早退	10	
课堂表现	听课认真、反馈积极	10	
训练题目	能根据题目要求规范填写	40	
案例分析	能结合所学知识与相关资料进行分析,分析有理有据,语言表述清晰	40	
总　分			

学生自评	
组内互评	
教师评语	

第 2 章 组建团队

实 训 安 排

模 块 设 计	学 时 安 排
模块 1　团队的建立	
模块 2　团队内部沟通	2 学时
模块 3　团队文化展示	
总学时	2 学时

模块 1　团队的建立

【训练目标】

根据人数、男女比例为学生分组,建立团队。

【训练准备】

本实训指导书、场地、学号卡。

【训练内容】

(1) 把学号卡分为男生、女生两份。

(2) 以班级 30 人为例,分为 5 组,每组 6 人(一般情况下每组 5～6 人)。

(3) 学生自荐或集体推荐 5 人,分别担任 5 个组的组长。

(4) 在学号卡中抽出组长的学号卡,各组组长在余下的学号卡中,根据男女比例抽取组员的学号卡。

(5) 组长根据抽取的学号卡,向组员告知,礼仪团队组成。

【训练题目】

组长姓名: _____

组员姓名: _____

模块 2　团队内部沟通

【训练目标】

指导教师为各组布置任务,组员在团队中彼此熟悉,相互了解,发现他人优点,并迅速建立起良好的人际关系。

【训练准备】

分组、本实训指导书、场地。

【训练内容】

(1) 根据礼仪实训内容为团队起一个组名。

(2) 根据礼仪实训内容及组名,为团队起一个组口号。

(3) 给每支团队 30 分钟的时间进行交流,准备模块 3 的内容(团队文化展示,即彼此介绍)。

① 确定介绍顺序(例如,A 介绍 B、B 介绍 C、C 介绍 A)。

② 向他人传递个人信息(例如,A 向 B 传递个人信息、B 向 C 传递个人信息)。

③ 获取他人信息(例如,B 获取 A 的个人信息、C 获取 B 的个人信息)。

注:信息可以是他人的爱好、特长、优点、彼此之间的小故事等。

【训练题目】

组名: ＿＿＿＿＿＿＿＿＿＿＿＿＿＿＿＿＿＿＿＿＿＿＿

组口号: ＿＿＿＿＿＿＿＿＿＿＿＿＿＿＿＿＿＿＿＿＿

传递的个人信息: ＿＿＿＿＿＿＿＿＿＿＿＿＿＿＿＿＿

＿＿＿＿＿＿＿＿＿＿＿＿＿＿＿＿＿＿＿＿＿＿＿＿＿＿

获得的他人信息: ＿＿＿＿＿＿＿＿＿＿＿＿＿＿＿＿＿

＿＿＿＿＿＿＿＿＿＿＿＿＿＿＿＿＿＿＿＿＿＿＿＿＿＿

模块 3　团队文化展示

【训练目标】

通过团队内部沟通,在彼此增进了解的基础上,进行彼此介绍。

【训练准备】

分组、本实训指导书、场地。

【训练内容】

（1）以组为单位到讲台上进行彼此介绍，即沟通成果汇报。

（2）每个人限定介绍时间1分钟左右。

（3）其他组成员作为观众，观察台上同学的仪态。

（4）介绍完毕后，彼此鼓励，互相点评。

【训练题目】

（1）个人表现。

优点：_____

_____

_____

不足：_____

_____

_____

（2）训练收获。

_____

_____

_____

考 核 表

考核内容	考核标准	分值	考核成绩
出勤情况	按时出席，不迟到、不早退	10	
训练题目	能根据题目要求规范填写	20	
沟通过程	能积极参与团队交流、能根据指导教师要求完成相应任务	30	
展示过程	表达流畅、内容充实、仪态规范	40	
总　　分			
学生自评			
组内互评			
教师评语			

操作篇

第 3 章 个人形象礼仪训练

实 训 安 排

模 块 设 计	实 训 任 务 设 计		学 时 安 排
模块 1 仪表礼仪	实训任务 1 仪容礼仪		2 学时
	实训任务 2 化妆礼仪		
模块 2 仪态礼仪	实训任务 3 站姿、坐姿、蹲姿、走姿		1 学时
	实训任务 4 手势礼仪		
	实训任务 5 表情礼仪		
模块 3 服饰礼仪	实训任务 6 男士西装礼仪		1 学时
	实训任务 7 女士套装礼仪		
	实训任务 8 配饰礼仪		
总学时	4 学时		

模 块 1 仪 表 礼 仪

重视个人形象是对自己与他人尊重的表现,一个人的仪容、仪态、服饰会给他人留下第一印象,影响与他人沟通的效果。在人们日益注重形象、追求时尚、彰显个性的时代,形象就是财富,形象就是实力,是大学生赢得机会的必备条件之一。

实训任务 1 仪容礼仪

仪容的修饰能体现人们对生活的热爱,端庄、美好、整洁的仪容能使对方产生好感。仪容的内涵是要做到符合“美”的标准,具体要做到美观、得体、清洁、卫生等。

【训练目标】

(1) 了解仪容礼仪的基本内容。

（2）掌握处理日常个人卫生的方法。

【训练准备】

分组、本实训指导书、场地、化妆镜。

【训练内容】

训练项目	训练要求	备注
头发	男士前部的头发不要遮住眉毛，两鬓的头发不要挡住耳朵，后面的头发不要碰到衬衫的领口；女士在重要的场合头发不应披散，以不过肩为宜，必要时选择束发或盘发。对于头发的日常保养，应该养成周期性洗发的习惯，一般每周洗2～3次即可。	
皮肤	洗脸时应用温水从上额至颧骨下颌部位反复打圈，从颈部至左、右耳根反复多次。	平时多吃水果、蔬菜，多喝水，保证足够的睡眠。
耳朵	注意，清除耳垢不要当众进行，以免给他人留下不好的印象。在洗澡、洗脸、洗头时，不要忘了洗耳朵，必要时还要清除耳朵中的分泌物。	
眉毛	修剪眉毛时应从内眼角的正上方开始，到外眼角稍偏外侧处结束。用眉夹拔去两眉间和眉毛下面的多余杂毛，形成柔和的弧形，但眉毛上部的毛不能拔，否则会改变眉形。要想把眉毛修饰整齐，可以用眉梳加以梳理。对于特别不服帖的眉毛，可以用少许无色透明的睫毛底液处理。	
眼睛	眼睛应时刻保持清澈，眼睑周围一定要清洁，不能有眼屎。眼中不能有红血丝。选择美瞳要注意场合，正式社交场合不宜选择明显艳丽的颜色，会有不庄重、哗众取宠之嫌。	
鼻子	在与他人交往前，应检查一下自己的鼻毛是否过长，如过长应用小剪刀剪短。保持鼻腔的清洁，养成每天洗脸时清洁鼻腔的好习惯。	公共场所，不要用手去挖鼻孔；擤鼻涕应避开他人。
口腔	牙齿是口腔的门面，养成每天定时刷牙和饭后漱口的习惯。牙齿上不要留有牙垢，避免唇边有分泌物，同时要保持口气清新。在与他人谈话前不要抽烟、饮酒，不要吃有刺激性气味的食物，以免对方反感。秋冬季节要防止嘴唇干燥破裂，可用唇膏缓解不适。	一般咳嗽、打喷嚏、打哈欠时应尽量避开他人，一旦忍不住，要用手绢或手捂住嘴，并向他人道歉。
胡须	作为学生，如果胡须长得不很浓密，则不需要刹；如果胡须生长浓密，则需要每日把胡须刹干净，但不要当众刹须。有的男士为了让自己看起来有阳刚之气，故意把胡子蓄着，这在正式场合对别人其实是不礼貌的。	
手臂	饭前便后以及接触脏物以后，要马上洗手，方便的话还应涂些护手霜，以保持手部的光洁。要勤剪指甲，不留长指甲。但要避免在公共场合修剪指甲。女性工作之余可根据自己的着装、个性选择适合自己颜色的指甲油。	女性上班不能涂颜色艳丽的指甲油，可涂无色透明的。
体味	体味如果过于明显，就应该有所遮掩，经常洗澡是必要的，尤其是参加一些正式活动之前一定要清洗干净。有的人喜欢使用香水，过于浓烈气味的香水不适宜在公共场合使用，社交活动中应选择清淡的香水，适量喷洒。	

【训练题目】

（1）用化妆镜检查自己个人卫生做得不足的地方，并改进。
（2）注意日常卫生，养成良好的卫生习惯。

实训任务 2　化妆礼仪

俗话说："爱美之心，人皆有之。"每个人都有追求美的心愿，尤其是年轻女性，都希望通过化妆使自己的面容锦上添花。在正式场合，女性化妆是尊重别人的一种表现，面容加上一些恰到好处的修饰，便可以使人焕发光彩，增加自信。

【训练目标】

（1）了解化妆在生活中的重要性。
（2）掌握化妆的基本步骤及要领。

【训练准备】

分组、本实训指导书、场地、化妆镜、化妆品、化妆工具。

【训练内容】

训练项目	训 练 要 求	备　注
清洁面部皮肤	取洁面用品，用无名指以向上向外绕圈的手法揉洗面部及颈部，清除尘垢、过剩油脂，祛除皮肤表面老化细胞。	
涂抹保养护肤品	顺序为眼霜→爽肤水（化妆水、紧肤水）→乳液（面霜）→隔离霜。	涂抹护肤品时要均匀，动作要轻柔，并轻轻按摩。
打粉底	粉底分粉底液和粉饼两种，可任选一种。如果是粉底液，应用手指蘸取少量，分别点在额头、鼻梁、脸颊、下巴等处，然后轻轻推匀。如果是粉饼，只要用粉扑均匀地扑于面部就可以。如果面部有斑点、小痘痘或者有黑眼圈，可以选择遮瑕霜或者遮瑕液进行重点修饰。	一般选两三种接近自己肤色的粉底，试擦于脸颊，以确定与自己的肤色最接近的颜色。
扑散粉（蜜粉）	用蜜粉刷将散粉扑在面部，但不要反复摩擦，这样会破坏粉底。关键部位是鼻部、唇部及眼部周围，这些部位要小心定妆。最后将多余的定妆粉掸掉，动作要轻，以免破坏妆面。	定妆要牢固，扑粉要均匀，在易脱妆的部位可多做几遍。
修饰眉毛	画眉应尽量淡一些，从眉头到眉梢依次画。眉头最好一笔一笔地画，从下到上、从内到外地画。眉梢要一笔带过，避免修改。总的原则是眉头淡，眉坡深，眉峰高，眉尾要清晰。	眉笔（眉粉）的颜色要选与自己眉毛颜色最接近的，东方人通常为黑色、咖啡色或棕色。

续表

训练项目	训 练 要 求	备　注
画眼影	同一色彩眼影以不同深浅着色,从眼睑下方至上方、由深至浅渐次画上,可以塑造目光深邃的效果,眼睛看起来会变大至少 1/3。如果选用两种或两种以上的色彩,则可由内眼角向外眼角横向排列搭配晕染,可充分发挥眼睛的动感,眉下方处可用亮色,使眼睛生动有神而具立体感。	
画眼线	闭上眼睛,用一只手在上眼睑处轻推,使上睫毛根充分暴露出来,用眼线笔(眼线液)进行描画。画下眼线时,向上看,由外眼角向内眼角进行描画。上方从眼睛的 2/3 处开始画,下方画 1/2,也可不画下眼线。	
修饰睫毛	涂上睫毛时,眼睛向下看,睫毛刷由睫毛根部向上转动。涂下睫毛时,眼睛向上看,先用睫毛刷的刷头横向涂抹,再由睫毛根部向外转动睫毛刷。	
刷腮红	选取适合色系的腮红,对着镜子微笑,从颧弓下陷处开始,由发际向内轮廓进行晕染。刷腮红时每次的腮红量要少、要淡;可多刷几次直至效果完美。	
涂口红(唇彩)	口红一般要用口红刷刷上去,年轻女性应选用唇彩,唇彩的颜色最好跟服装的主题色一致。	

【训练题目】

(1) 以组为单位,4～5 人一组,进行化妆训练,教师现场指导。

(2) 为自己画一个妆容,与同学进行经验交流。

案例分析

案例:

某日是李艳艳大学毕业 10 周年聚会的日子。已为人母的李艳艳虽然身材还保持得不错,但由于照顾孩子、操劳家务,许久没有精心打扮自己。为了这次聚会,李艳艳做了充分准备,希望能使多年未见的同学能眼前一亮。聚会的日子到了,李艳艳为了凸显身材,身着一件紧身衣,还特意配了一条超短裙。为了显得皮肤白皙,还涂了厚厚的粉底,化了重重的彩妆,喷了浓浓的香水。当她高高兴兴出现在聚会现场时,同学们都露出了异样的眼光,她所希望的"眼前一亮"的情景并没有出现。

问题:

(1) 结合案例谈谈李艳艳所希望的大家"眼前一亮"的情景为什么没有出现。

分析: _____

（2）请你以李艳艳的身份,谈谈李艳艳在同学聚会场合应如何打扮自己。

分析：_____

_____

_____

_____

模块 2　仪 态 礼 仪

　　仪态是一种无声的"语言",也称"体态语言",泛指人们的身体所展现出来的各种姿势,即身体的具体造型。仪态反映了一个人的素养、受教育程度以及能够被人信任的程度。人的风度是通过人的举止体现出来的,仪态礼仪是人们气质内涵的外在表现。人们往往可以从一个人的仪态来判断他的品位、学识、能力和其他各方面的修养。

实训任务 3　站姿、坐姿、蹲姿、走姿

【训练目标】

掌握站姿、坐姿、蹲姿、走姿的基本要领。

【训练准备】

分组、本实训指导书、场地、椅子。

【训练内容】

1. 站姿

训练项目	训 练 要 求	备　　注
基本站姿	头正,颈直,下颌微收,双目平视,面容平和自然;肩平、自然放松,稍向下沉,躯干挺直;收复,立腰,挺胸,提臀;双臂放松,自然下垂于体侧,虎口向前,手指并拢自然弯曲,中指贴拢裤缝;双膝并拢,两腿直立(见图3-1)。	站立时,忌手插在衣袋里,无精打采或东倒西歪;双手忌做无意的小动作,更不要叉在腰间或抱在胸前;腿忌不停地抖动。
女士站姿	女士的主要站姿为前腹式,但双腿要基本并拢,脚位应与服装相适应,穿贴身短裙,脚跟靠紧,脚掌分开呈 V 字状或 Y 字状(即丁字步)(见图3-2);穿礼服或旗袍时,双脚可略分开。	
男士站姿	男士通常可采取双手相握、叠放于腹前的前腹式站姿(见图3-3);或将双手背于身后然后相握的后背式站姿。双脚可稍微叉开,以与肩部同宽为限。	

图 3-1　基本站姿

图 3-2　女士站姿

图 3-3　男士站姿

2. 坐姿

训练项目	训练要求	备　注
基本坐姿	上半身挺直,两肩放松,下巴向内微收,脖子挺直,挺胸收腹,并使背部和臀部成直角,双手自然放在双膝上,两腿自然弯曲,小腿与地面基本垂直,两脚平落地面。两膝间的距离,男子以不超过肩宽为宜,女子则不开为好。坐在椅子上,至少应坐满椅子的2/3(见图3-4)。	(1) 在社交场合,入座要轻柔和缓,离座时要端庄稳重,不可猛起猛坐,制造紧张气氛。
两手摆法	有扶手时,双手轻搭或一搭一放;无扶手时,两手相交或轻握或呈八字形置于腿上;或左手放在左腿上,右手搭在左手背上。	(2) 正面与人对坐会使对方产生压迫感,应当稍微偏斜,这样双方都会感觉轻松自然。
两腿摆法	凳高适中时,腿相靠或稍分,但不能超过肩宽;凳面较低时,两腿并拢,自然倾斜于一方;凳面略高时,一腿搁于另一腿上,脚尖向下。女士还可以采用S形坐姿,即上体与腿同时转向一侧,面向对方,形成一个优美的S形坐姿;叠膝式坐姿,即两腿膝部交叉,一腿内收于前腿膝下交叉,两脚一前一后着地,双手稍微交叉于腿部(见图3-5)。	(3) 坐时应避免内八字;当跷二郎腿时,悬空的脚尖应朝下或朝向他处,切忌朝天或指向他人,并不可上下抖动。
两脚摆法	脚跟、脚尖全靠或一靠一分,也可以一前一后(可靠拢也可稍分)或右脚放在左脚外侧。	

图 3-4　基本坐姿

图 3-5　女士坐姿

3. 蹲姿

训练项目	训练要求	备　注
高低式蹲姿	下蹲时,一般是左脚在前,右脚稍后。左脚应完全着地,小腿基本上垂直于地面;右脚则应脚掌着地,脚跟提起。右膝须低于左膝,右膝内侧可靠于左小腿的内侧,形成左膝高、右膝低的姿态。女性应靠紧双腿,男性则可以适度分开。这种蹲姿的特征就是双膝一高一低,服务人员选用这种蹲姿既方便又优雅。	(1) 在他人身边下蹲时,最好是与之侧身相向。正面面对他人或是背部对着他人下蹲,通常都是不礼貌的。
交叉式蹲姿	下蹲时,右脚在前,左脚在后,右小腿垂直于地面,全脚着地。右腿在上,左腿在下,两腿交叉重叠。左膝由后下方伸向右侧,左脚脚跟抬起,并且脚掌着地。双腿前后靠近,合力支撑身体。上身略向前倾,臀部朝下。这种蹲姿通常适用于女性,尤其是身着裙装的女性。它的优点是造型优美典雅,基本特征是蹲下后双腿交叉在一起。	(2) 在大庭广众面前下蹲时,身着裙装的女性一定要避免个人隐私暴露。

4. 走姿

训练项目	训练要求	备注
基本走姿	步履自然、轻盈、稳健,抬头挺胸,双肩放松,提臀收腹,重心稍向前倾,两臂自然摆动,目光平视,面带微笑。	(1) 3 人或更多人一起行走时,应避免排成横队或勾肩搭背。有急事要超过前面的行人时,不得跑步,可以大步超过,并在超越时向被超越者致意。
方向	在行进的过程中,应保持明确的方向,尽可能走在一条直线上。要做到这一点,行走时应以脚尖正对前方,所走的路线形成一条虚拟的直线。	
步位	步位即脚落在地面的位置。男性两脚跟可保持适当间隔,基本前进在两条平行线上,脚尖稍微外展;女性两脚跟要前后踏在同一条直线上,脚尖略外展,就是常说的"一字步",也叫"柳叶步"。	
步度	步度也叫步幅,是指在行走时两脚之间的距离。生活中步度的大小因人而异,但通常应与本人一只脚的长度相近,男性约 40 厘米,女性约 30 厘米。同时,服装和鞋子也会影响一个人的步度,如身穿旗袍,脚穿高跟鞋时,步度必定比平时穿长裤和平底鞋要小些。	(2) 在上下楼梯时,应坚持右上右下原则,以方便对面上下楼梯的人。另外,还要注意礼让客人,如上下楼梯时,出于礼貌,可以请对方先行。
姿态	走路时膝盖和脚腕都要富于弹性,两臂自然轻松地前后摆动,男性应具有阳刚之美,展现其矫健、稳重、挺拔的特点;女性应显得温婉动人,体现其轻盈、妩媚、秀美的特质。	
速度	在一定的场合下,一般应当保持相对稳定的速度。正常情况下,服务人员每分钟走 60~100 步。	
重心	行进时,尤其在起步时,身体要向前微倾,身体的重心要落在前脚掌上。在行进过程中,应注意使身体的重心随着脚步的移动不断地向前过渡,切记不要让重心落在脚跟上。	
协调性	走路时身体各部位应保持动作和谐,走动时要以脚跟先着地,膝盖在脚部落地时一定要伸直,腰部要成为重心移动的轴线,双臂在身体两侧一前一后自然摆动。	

5. 鞠躬

训练项目	训练要求	备注
鞠躬	最高的一等是 90°鞠躬,用于拜见尊者或长辈,称为"楷礼";中间的一等是约 45°鞠躬,是正式场合中比较多见的一种,称为"章礼";最低的一等相当于人们说的欠身,或者比点头郑重一些,用于不太正式的场合,称为"草礼"(见图 3-6)。	

【训练题目】

(1) 学生分组进行站姿、坐姿、蹲姿、走姿、鞠躬训练,并进行互评,教师点评。

(2) 对学生加强日常站姿、坐姿、蹲姿、走姿、鞠躬考核,使学生重视仪态礼仪的作用。

图 3-6 鞠躬

实训任务 4 手势礼仪

【训练目标】

掌握递接物品、手持物品、展示物品、邀请、致意、鼓掌的基本要领。

【训练准备】

分组、本实训指导书、场地、示范用物品(如手机、书本等)。

【训练内容】

训练项目	训 练 要 求	备 注
递接物品	一般来讲,递接物品用双手为最佳。用左手递接物品,通常被视为失礼之举。递接物品时,如果双方相距过远,应主动走近对方,假如自己是坐着的话,还应该尽量在递接物品时起身站立。物品应直接交到对方手中,同时,在递接物品时应让对方便于接取(见图 3-7)。	将带尖、带刃的物品递给他人时,切忌以尖、刃直指对方。将带有文字的物品递交给他人时,还应使正面朝向对方。
手持物品	手持物品时,可依据自己的能力与实际的需要,物体的重量、形状及易碎程度来采取相应的手势,要避免持物时手势夸张、小题大做,失去自然美。切记确保物品的安全,尽量轻拿轻放,防止伤人或伤己。	遇到取拿食物时,如敬茶、斟酒、送汤、上菜等,千万不要把手指碰触到杯、碗、碟、盘的边沿。
展示物品	展示物品时,一定要将被展示的物品正面朝向观众,举到一定的高度,并注意展示的时间以便能让观众充分观看。当四周都有观众时,还需要变换不同的展示角度。双臂横伸将物品向前伸出,活动范围自肩至肘之处,上不过眼部,下不过胸部。	

续表

训练项目	训 练 要 求	备　注
邀请	在邀请时,应用右手,五指并拢伸直,掌心不可凹陷;女性为优雅起见,可微微压低食指。手与地面呈45°角,手心斜对上方,肘关节微屈,腕关节要高于肘关节。在请来宾入座时,手要以肘关节为轴由上而下摆动,指向斜下方(见图3-8)。	注意前臂不要下摆至紧贴身体。
致意	举手致意时,应全身直立,面向对方,至少上身与头部要朝向对方。在目视对方的同时,应面带微笑。手臂自下而上向侧上方伸出,手臂既可略有弯曲,也可全部伸直。这时的掌心应向外,即面对对方,指尖朝向上方,同时应摊开手掌。	
鼓掌	在欢迎客人到来或是其他需要用到鼓掌这一手势时,应用右手手掌拍左手手心,但要注意避免时间过长、用力过猛。	

图 3-7　接递物品

图 3-8　邀请

【训练题目】

(1)学生相互演示递接物品、手持物品、展示物品、邀请、致意、鼓掌等礼仪,教师点评。

(2)模拟商场销售人员,向顾客展示、介绍、接送某商品,注意手势的运用。

实训任务5　表情礼仪

【训练目标】

(1)掌握注视的时间、角度和部位代表的意义。

(2)掌握微笑的方法。

【训练准备】

分组、本实训指导书、场地、化妆镜。

【训练内容】

1. 目光

训练项目	训练要求	备　注
注视的时间	(1) 表示友好。向对方表示友好时,应不时地注视对方。注视对方的时间约为全部相处时间的1/3。 (2) 表示重视。向对方表示重视或关注,应常常把目光投向对方那里。注视对方的时间约为全部相处时间的2/3。 (3) 表示轻视。目光时常游离于对方,注视对方的时间不到全部相处时间的1/3,就意味着轻视。 (4) 表示敌意。目光始终盯在对方身上,注视对方的时间在全部相处时间的2/3以上,被视为有敌意,或有寻衅滋事的嫌疑。 (5) 表示感兴趣。目光始终盯在对方身上,偶尔离开一下,注视对方的时间在全部相处时间的2/3以上,同样也可以表示对对方较感兴趣。	良好的交际目光应是坦然、亲切、和蔼、有神的。做到这一点的要领是放松精神,把自己的目光放虚一点,不要聚集在对方脸上的某个部位,而是好像在用自己的目光笼罩对面的整个人。
注视的角度	(1) 平视。平视也叫正视,即视线呈水平状态。常用在普通场合与身份、地位平等的人进行交往时。 (2) 侧视。侧视是一种平视的特殊情况,即位于交往对象的一侧,面向并平视着对方。侧视的关键在于面向对方,若是斜视对方,就是失礼。 (3) 仰视。仰视即主动居于低处,抬眼向上注视他人,以表示尊重、敬畏对方。 (4) 俯视。俯视即向下注视他人,可表示对晚辈宽容、怜爱,也可表示对他人轻慢、歧视。	
注视的部位	(1) 双眼。注视对方双眼,表示自己重视对方,但时间不要太久。 (2) 额头。注视对方额头,表示严肃、认真、公事公办。 (3) 眼部到唇部。注视这一区域,表示礼貌、尊重对方。 (4) 眼部到胸部。适用于注视相距较远的熟人,也表示亲近、友善,但不适用于关系一般的异性。 (5) 任意部位。对他人身上的某一部位随意一瞥,多用于在公共场合注视陌生人,最好慎用。	

2. 笑容

训练项目	训练要求	备　注
笑的种类	(1) 含笑。不出声,不露齿,只是面带笑意,表示接受对方,待人友善,适用范围较为广泛。 (2) 微笑。唇部向上移动,略呈弧形,但牙齿不外露,表示自乐、充实、满意、友好,适用范围最广。 (3) 轻笑。嘴巴微微张开一些,上齿显露在外,不发出声响,表示欣喜、愉快,多用于会见客户、向熟人打招呼等场合。 (4) 浅笑。笑时抿嘴,下唇大多被含于牙齿之中,多见于年轻女性表示害羞之时,通常又称为抿嘴而笑。 (5) 大笑。大笑的表现太过张扬,一般不宜在商务场合中使用。	笑的共性是面露喜悦之色,表情轻松、愉快。

续表

训练项目	训 练 要 求	备　　注
微笑训练	训练时,使双颊肌肉向上抬,嘴角两端微翘,其余面部肌肉放松,适当露出牙齿,不发声,口里可默念普通话的"一"字音。此外,还要训练眼睛的"笑容",取厚纸一张,遮住眼睛下边部位,对着镜子,回忆过去的美好生活,使笑肌抬升收缩,嘴巴两端做出微笑的口形,随后放松面部肌肉,眼睛随之恢复原形。	微笑的基本要领是真诚、自然、亲切、甜美。

【训练题目】

(1) 模拟与他人交流的场景,如演讲、应聘、谈话等。在训练过程中,注意目光、笑容的表现方法。

(2) 用化妆镜进行目光训练,理解不同目光代表的不同含义,在与他人交流的过程中应使用正确的目光。

(3) 两人为一组,进行微笑练习,彼此纠正,选择适合自己的笑容。

案例分析

案例:

空姐美丽、端庄、大方的外表给人们留下了美好的形象特征,那么作为一名合格的空姐,怎样才能形成自己的形象特征呢? 空姐的形象包括内在和外在两个方面:内在形象包括素养的高低、心灵的美和丑;外在形象包括仪容仪表、语言行为等。外在形象作为内在素养的体现,是以内在素养为基础的,所以只有加强自身的修养,才能做到"秀外慧中"。其实,空姐的专业化形象是在日常生活中逐渐学习和养成的,不能期望上几天课,就能将自己培养成一名气质出众的空姐。挺胸、抬头、收腹,咬住筷子,头顶书,保持身体平衡,这就是空姐在飞乘中保持良好体态的秘诀。

问题:

(1) 结合案例谈谈为什么空姐的形象塑造非"一日之功"。

分析:_____

_____

_____

(2) 日常生活中我们要注意哪些仪态礼仪?

分析:_____

_____

_____

模块 3　服饰礼仪

著名的意大利影星索菲亚·罗兰曾深有感触地说:"你的服装往往表明你是哪一类人物,它们代表着你的个性。一个和你会面的人往往自觉或不自觉地根据你的衣着来判断你的为人。"服饰是一种无声的语言,彰显人的社会地位、文化品位、艺术修养以及待人处世的态度,时刻影响着人与人之间的交流。

实训任务 6　男士西装礼仪

【训练目标】

掌握男士西装礼仪的基本要点。

【训练准备】

分组、本实训指导书、场地、领带、西装图片。

【训练内容】

训练项目	训练要求	备注
西装的选择	正式场合,如宴会、招待会、重大会议、婚事、丧事以及特定的晚间社交活动等,应穿西服套装,颜色以深色为宜,以示严肃、庄重、礼貌。半正式场合,如访问、较高级别的会议和白天举行的较隆重的活动,通常也应穿西服套装,着浅色或明度较高的深色为宜。在非正式场合,如外出旅游、购物、走亲访友等活动,可以穿上下不配套的西装,宜选择款式活泼、明朗、轻便、华美的色调。	穿着的方法,一般是根据国外的礼节,按照正式、半正式和非正式等场合来分的。
纽扣	通常,系西装上衣纽扣的时候,如果是单排两粒纽扣,只系上边那粒;如果是单排三粒纽扣,可以只系中间的或是上面两粒;双排西装要求把所有能系的纽扣全部系上;西装马甲只能和单排扣西装上衣配套。	
衬衫	衬衫的领形、质地、款式都要与西装协调,色彩应与个人的气质相符合。一般而言,衬衫以淡色为多,最佳选择是白色,可以搭配所有颜色的西装。穿衬衫时应注意领口和袖口要干净,纯白色和天蓝色衬衫一般是必备的。衬衫袖口一般应露出 1~2 厘米。软领衬衫不适宜搭配西装。西装穿好后,衬衫领应高出西装领口 1~2 厘米。	穿西装的注意事项: (1) 拆除商标。 (2) 扣好纽扣。 (3) 避免卷挽。 (4) 少装东西。 (5) 巧配内衣。 (6) 质量为先。
领带	首先,领带长度要合适,打好的领带尖端应恰好触及皮带扣,领带的宽度应与西装翻领的宽度和谐。其次,领带的图案、颜色要与西装相配。最后,领带质地要好,真丝面料是领带质地的首选,虽然颜色挺鲜亮,但是不耀眼,使用这种领带几乎可以适合任何场合。	

续表

训练项目	训练要求	备注
皮带	一般来说,穿单排扣西服套装时,应该扎窄一些的皮带;穿双排扣西服套装时,则扎稍宽的皮带较好。深色西装应配深色腰带;浅色西装配腰带时在色彩上没什么特别限制,但要避免佩戴休闲款式的皮带。	穿西装的注意事项: (1) 拆除商标。 (2) 扣好纽扣。 (3) 避免卷挽。 (4) 少装东西。 (5) 巧配内衣。 (6) 质量为先。
袜子	男袜的颜色应该是基本的中性色,并且比长裤的颜色深。在西装革履的打扮中,袜子要薄型不透明的,颜色要配合皮鞋。黑皮鞋配深色袜子,白皮鞋一定要配白色袜子。袜子也应该配合西裤色彩,西裤是浅色的,袜子也应是浅色的。	
鞋	在正式场合,男士多穿没有花纹的黑色平跟皮鞋。黑皮鞋可配任何色调的西装;浅褐色与褐色皮鞋可以配米色调、咖啡色调的西装,但与黑色调西装不般配。同时,注意皮鞋要时刻保持光亮、干净。	

【训练题目】

(1) 安排男同学课后收集有关西装穿着、男装便装、时尚趋势等相关知识及图片,并制作成 PPT,进行课堂分享。

(2) 学生进行打领带训练,教师现场指导。

实训任务 7　女士套装礼仪

【训练目标】

掌握女士套装礼仪的基本要点。

【训练准备】

分组、本实训指导书、场地、女士套装图片。

【训练内容】

训练项目	训练要求	备注
衬衫	对于职业女性必备的正式场合穿的衬衫,首先,要讲究面料,因为在正式社交场合,女士套装或外套的质地都必须比较考究——以纯丝、纯毛为主;其次,色彩宜淡雅,尤其要注意与套装和外套在色彩方面和谐一致,以达到最佳的搭配效果。	应根据自己的身材和季节特点选择衬衫,对面料、色彩和款式要精心挑选。

训练项目	训 练 要 求	备 注
鞋	与套装搭配的鞋以牛皮质地为佳,皮鞋的颜色以黑色最正式,也可选择与套装色系一致的颜色。与套装搭配最常选的是高跟鞋,但是要注意不要选择鞋跟太高、太细的高跟鞋,走起路来会步履不稳。女士在办公室,只能穿着正式的制式皮鞋,不要选择颜色鲜艳或浅色的皮鞋。在正式社交场合,凉鞋特别是穿露着脚趾的凉鞋、赤脚穿凉鞋和拖鞋都是不可取的。	鞋袜穿着的注意事项: (1) 鞋袜的大小要合适。 (2) 鞋袜应完好无损。 (3) 鞋袜不可当众脱下。 (4) 不可当众整理丝袜。 (5) 袜口不得露出裙子的下摆,避免"三截腿"。
袜子	在任何场合穿裙子都应配长筒丝袜或连裤抹,颜色以肉色、黑色为宜;在任何场合都不能穿着挑丝、有洞或用线补过的袜子。一般情况下,皮鞋和裙子的颜色要略深于或略同于袜子的颜色,鞋和袜子的图案、装饰不宜过多,应以简单为好。	

【训练题目】

安排女同学课后收集有关女士套装、女装便装、时尚趋势等相关知识及图片,并制作成 PPT,进行课堂分享。

_____

_____

_____

_____

实训任务 8 配饰礼仪

【训练目标】

掌握配饰搭配的技巧。

【训练准备】

分组、本实训指导书、场地、耳环、项链、丝巾等(若干款式)。

【训练内容】

训练项目	训 练 要 求	备 注
戒指	戒指一般只戴在左手,而且最好只戴一枚,至多戴两枚。戴两枚戒指时,可戴在左手两根相邻的手指上,也可戴在两只手对应的手指上。戒指的佩戴可以说是一种无声的语言,往往暗示佩戴者的婚姻和择偶状况。戴薄纱手套又戴戒指时,应将戒指戴在手套内(新娘不受此限制)。有的人手上戴了好几枚戒指,看起来像是炫耀财富,这是不可取的。	女性配饰

续表

训练项目	训练要求	备注
耳环	应根据脸形的特点来选配耳环,如圆形脸不宜佩戴圆形耳环,因为耳环的小圆形与脸的大圆形组合在一起,会加强"圆"的信号。	
项链	项链也是受到女性青睐的主要首饰之一。它的种类很多,大致可分为金属项链和珠宝项链两大系列。佩戴项链应和自己的年龄及体形协调。脖子细长的女士佩戴细链,更显玲珑娇美;身着柔软、飘逸的丝绸衣衫裙时,宜佩戴精致、细巧的项链,显得妩媚动人;穿单色或素色服装时,宜佩戴色泽鲜明的项链。	女性配饰
围巾	围巾是指围在脖子上保暖、保护衣领或用作装饰的针织品或纺织品,其装饰作用越来越突出。从外观上看,有长巾、方巾、三角巾和领围之分。女性偏爱轻柔飘逸的丝织围巾,可以根据场合、服装和当天的化妆、发型来选配丝巾的色泽和款式。身高者,丝巾要宽大些,花形小一些,色彩柔和一些;体形纤弱者,丝巾应短一些,花色可繁杂艳丽些;新潮的服装可以用素雅的围巾陪衬。丝巾的扎法各式各样,如蝴蝶结显得婉约典雅;披肩式体现轻松自然、俏丽或动态轻快。	
皮包	职业女性应选择一款适合自己的皮包,除了有实用功能外,皮包也具有装饰作用。咖啡色、黑色、深咖啡色、驼色、米色等中性色皮包适合与大多数色系的套装搭配。在选择皮包时,除了考虑时尚潮流外,更应该考虑其主要用途。	
手表	人的手通常会有较多的动作,如握手、递接名片、拿东西、挥手作别等。手表对男士来说非常重要,发挥着特殊的装饰作用。选戴手表要与身份和场合相协调,男士参加各种正式活动,特别是参加公务活动、商务活动和涉外活动时,除了穿着一套得体的西装外,千万不要忘记戴上一只手表,它将证明你是一位务实的、有时间观念的、训练有素的人。	男性配饰

【训练题目】

（1）安排学生课后收集有关配饰搭配技巧的小知识,进行课堂分享。

（2）组织女同学进行打丝巾训练,教师现场指导。

案例分析

案例:

莉莉是个理财专家,她有很好的学历背景,在公司里的表现一直很出色。但当她在一家客户的公司提出业务建议时,对方主管却不太注重她的建议。一位形象设计师发现莉莉在着装方面存在明显的缺陷:她28岁,身高155厘米,体重43千克,看起来机敏可爱,喜爱着休闲装,像个小女孩,其外表与她所从事的工作看起来不太协调,所以客户对她提出的建议缺乏安全感、依赖感,所以她难以实现她的创意。这位形象设计师建议她用服装来强调学者专家的气质,着深色的职业套装,对比鲜明的衬衫、丝巾、时尚公文包来搭配,甚至戴上黑边的眼镜。莉莉照办了之后,客户对她的态度有了较大的转变。

问题:

(1) 结合案例分析客户对莉莉的态度为什么会转变。

分析:＿＿＿＿＿＿＿＿＿＿＿＿＿＿＿＿＿＿＿＿＿＿＿＿＿＿＿＿

＿＿＿＿＿＿＿＿＿＿＿＿＿＿＿＿＿＿＿＿＿＿＿＿＿＿＿＿＿＿＿＿

＿＿＿＿＿＿＿＿＿＿＿＿＿＿＿＿＿＿＿＿＿＿＿＿＿＿＿＿＿＿＿＿

＿＿＿＿＿＿＿＿＿＿＿＿＿＿＿＿＿＿＿＿＿＿＿＿＿＿＿＿＿＿＿＿

(2) 结合实际谈谈工作中应注意哪些服饰礼仪。

分析:＿＿＿＿＿＿＿＿＿＿＿＿＿＿＿＿＿＿＿＿＿＿＿＿＿＿＿＿

＿＿＿＿＿＿＿＿＿＿＿＿＿＿＿＿＿＿＿＿＿＿＿＿＿＿＿＿＿＿＿＿

＿＿＿＿＿＿＿＿＿＿＿＿＿＿＿＿＿＿＿＿＿＿＿＿＿＿＿＿＿＿＿＿

＿＿＿＿＿＿＿＿＿＿＿＿＿＿＿＿＿＿＿＿＿＿＿＿＿＿＿＿＿＿＿＿

考 核 表

考核内容	考核标准	分值	考核成绩
出勤情况	按时出席,不迟到、不早退	10	
课堂表现	听课认真、反馈积极	10	
训练题目	准备充分、操作正确	20	
	合作默契、善于分享	20	
	能根据题目要求规范填写	10	
案例分析	能结合所学知识与相关资料进行分析,分析有理有据,语言表述清晰	30	
总　　分			

学生自评	
组内互评	
教师评语	

第4章 日常交往礼仪训练

实 训 安 排

模 块 设 计	实训任务设计	学时安排
模块 1 会面礼仪	实训任务 1 称呼礼仪	2 学时
	实训任务 2 介绍礼仪	
	实训任务 3 名片礼仪	
	实训任务 4 握手礼仪	
模块 2 送访礼仪	实训任务 5 拜访礼仪	0.5 学时
	实训任务 6 待客礼仪	
	实训任务 7 送客礼仪	
模块 3 馈赠礼仪	实训任务 8 馈赠技巧	0.5 学时
	实训任务 9 馈赠方式	
总学时	3 学时	

模 块 1 会 面 礼 仪

实训任务 1 称呼礼仪

称呼是在人与人交往中使用的称谓,用以指代某人或引起某人的注意。它不仅反映着自身的教养、对对方的尊重程度,还体现着双方关系的密切程度和社会风尚,因此不能随便乱用。正确、适当的称呼能给他人留下良好的印象,产生较好的交往效果。

【训练目标】

(1) 掌握称呼的技巧。
(2) 能正确、恰当地称呼对方。

【训练准备】

分组、本实训指导书、场地。

【训练内容】

训练项目	训练要求	备注
职务性称呼	职务性称呼要与交往对象的职务相称,以示身份有别、表达敬意,这是一种最常见的称呼。职务性称呼有3种情况:只称呼职务、在职务前加上姓氏、在职务前加上姓名(适用于极其正式的场合)。	生活中的称呼应当亲切、自然、准确、合理;在工作岗位上,人们彼此之间的称呼是有特殊性,要求庄重、正式、规范;国际交往中,因为国情、民族、宗教、文化背景的不同,称呼就显得千差万别,一是要掌握一般性规律;二是要注意国情差异。
职称性称呼	对于具有职称者,尤其是具有高级、中级职称者,在工作中可以直接以其职称相称。称呼职称时可以只称呼职称、在职称前加上姓氏、在职称前加上姓名(适用于十分正式的场合)。	
行业性称呼	在工作中,有时可按行业进行称呼,对于从事某些特定行业的人,可以直接称呼对方的职业,如老师、医生、会计、律师等,也可以在职业前加上姓氏、姓名。	
性别性称呼	对于从事商业、服务性行业的人,一般约定俗成地按性别分别称呼"女士"或"先生"。	

【训练题目】

(1) 小组同学扮演不同职业、职位的角色,互相称呼。

(2) 指导教师设计角色随机提问,检查学生的掌握情况。

实训任务 2   介绍礼仪

介绍是人际交往中与他人进行沟通、增进了解、建立联系的一种最基本、最常规的方式,它是经过自己主动沟通或者通过第三者从中沟通,从而使交往双方相互认识、建立联系的一种社交方法。根据介绍者的不同,介绍可以分为自我介绍、为他人作介绍、为集体作介绍三大类型。

【训练目标】

(1) 掌握自我介绍、为他人作介绍、为集体作介绍的要点。

(2) 了解不同场合介绍的注意事项。

【训练准备】

分组、本实训指导书、场地。

【训练内容】

1. 自我介绍

自我介绍就是常说的介绍自己,通常用在想和某人结识但又没有合适的介绍人,或者在某些场合需要他人了解自己的情况时,就可以进行自我介绍。在自我介绍时,可以先主动打招呼,说声"您好"来引起对方的注意,然后说出自己的姓名、身份,也可以在与对方握手时作自我介绍。恰到好处的自我介绍,能给他人留下深刻的印象。

训练项目	训 练 要 求	备 注
应酬式	适用于某些公共场合和一般社交场合,如旅途中、宴会、舞会上,通电话时等。应酬式的自我介绍,对介绍者而言,对方只是泛泛之交,所以介绍的内容要少而精,往往只包括姓名一项即可,例如:"您好,我叫王××。"	在作自我介绍时,一定要力求简洁,尽可能地节省时间,越简短越好;也可在作自我介绍时,附上名片、介绍信等。作自我介绍时态度应自然、友善、随和,行为应落落大方,不卑不亢,不要小里小气,矫揉造作;一定要实事求是,不可自吹自擂,夸夸其谈。
工作式	工作式的自我介绍主要发生在工作场合或因工作需要的社交场合,因工作而交友。它是以工作为中心的自我介绍,介绍的内容应包括姓名、单位、部门、职务及从事的具体职位等,介绍时缺一不可。其中,姓名必须报全,有姓有名;供职单位及部门可仅报单位名称;若担任职位较低,可报出目前所从事的具体工作。例如:"您好,我叫王×,是信远传媒公司的业务经理。"	
交流式	交流式的自我介绍主要适用于社交活动,是一种刻意寻求与对方进一步交流和沟通的自我介绍。其内容一般包括自己的姓名、工作、籍贯、爱好、兴趣以及与交往对象有某些联系等。例如:"您好,我叫李×,在东方传媒工作,您的同学赵×是我的同事,他常向我提起您。"	
礼仪式	礼仪式的自我介绍适用于讲座、报告、演出、庆典、仪式等一些正规而隆重的场合,是一种对交往对象表示友好、敬意的自我介绍。其内容不仅要包括姓名、单位、职务等个人信息,还要包括一些为表示欢迎、感谢交往对象的谦辞、敬辞等。例如:"各位先生、女士,大家晚上好,我叫李×,是同达公司的人事部经理,欢迎大家参加今天的答谢会,愿各位在此度过一个愉快的周末。"	
问答式	问答式的自我介绍一般适用于应试、应聘和公务交往,有时也用于普通的社交应酬场合,其通常的形式是有问有答。例如,应聘某工作,人事部门通常会问及求职者的姓名、年龄、技能、工作经验等,求职者要根据所问进行相应的回答。	

2. 为他人作介绍

为他人作介绍即介绍他人,是指经第三者为彼此不相识的双方引见、介绍的一种介绍方式。

训练项目	训练要求	备注
确定介绍者	为他人作介绍时,确定介绍者有一定的规则。通常,具有下列身份者可以充当介绍者。 (1) 社交活动中的组织者。 (2) 社交场合的长者,地位、身份较高的人,主要负责人员。 (3) 家庭性聚会中的女主人。 (4) 公务交往中的专职人员,如公关人员、礼宾人员、文秘、接待人员。 (5) 熟悉被介绍双方的人。 (6) 被介绍者一方或双方要求的人。 在交际场合中,被指定的介绍者或决定为他人作介绍的人,要审时度势,熟悉双方情况。	介绍者为被介绍者作介绍之前,应尽量征求一下被介绍者双方的意见,了解一下他们彼此是否都有想认识对方的愿望,以免为本来相识或不想相识的双方去作介绍,会让被介绍者双方措手不及,致使三方都尴尬。
介绍顺序	介绍他人的总原则是把别人介绍给你所尊敬的人,即位高者有优先知情权,这里的位高者是指在该场合中的受尊重程度最高,而不一定是指社会地位。在作介绍时,首先要判断该场合中谁的受尊重程度高,那么受尊重程度高的人,就有权优先知道对方情况的权利。例如,当一位年轻女性拜访一位年长的男性时,就应该先将年轻的来访女性介绍给年长的男性,而不是先将年长的男性介绍给年轻的女性。	

3. 为集体作介绍

为集体作介绍实际上是介绍他人的一种特殊情况,即被介绍的一方或者双方不止一个人,往往要将集体和个人或者集体和集体分别而论。介绍集体的时候,可以分为单向式和双向式两种基本介绍形式。

训练项目	训练要求	备注
单向式	当被介绍的双方一方为一个人,另一方为多人的时候,往往可以只把个人介绍给集体,而不必向个人介绍集体。	
双向式	如果被介绍的双方都是多人所组成的集体,则进行介绍的时候,双方的全体人员都要被正式介绍。通常要先把地位低的一方介绍给地位高的一方,所谓地位低的一方通常是指东道主,而地位高的一方则是指客人,这属于一种基本的礼仪规则。在公务交往中,这种情况比较多见,通常是应由主方负责人首先出面,依照主方在场者具体职务的高低,自高向低地依次向对方进行介绍。接下来,再由客方负责人出面,依次介绍。	

【训练题目】

(1) 模拟大学开学伊始,同学以新生的身份,在班级中进行自我介绍。注意要介绍自己的性格特点、爱好等。

(2) 泰安公司的王经理邀请素未谋面的客户李先生一起用餐,泰安公司的小冉是此次接待的负责人,小冉陪同王经理出门迎接,在公司门口,小冉要介绍王经理与李先生认识。如果你是小冉将如何介绍?

实训任务 3　名片礼仪

现代社会人际交往中，一张做工考究的名片，不但是一个人身份、地位的象征，而且是一个人尊严和价值的一种体现，还是使用者被社会认同、获得社会理解与尊重的一种方式。名片上一般印有公司名称、头衔、姓名、联系电话、地址等，有的还印有业务介绍及个人的照片，所以，有人把它称为另一种形式的身份证。

【训练目标】

（1）掌握存放名片、递送名片、接受名片、索取名片的技巧。
（2）了解名片在社交场合的作用及使用的基本礼仪。

【训练准备】

分组、名片。

【训练内容】

训练项目	训练要求	备注
存放名片	在社交场合，要准备好名片以备不时之需。随身携带的名片最好放在专用的名片包、名片夹里，如果穿着西装，那么名片夹只能放在左胸内侧的口袋里。同时，还应在自己的公文包及办公桌抽屉里备有名片，以便随时使用。接过别人的名片看过之后，要精心放进自己的名片包、名片夹或上衣口袋内。也可以看了之后先放在桌子上，但不要随手乱丢或在上面压上杯子、文件夹等东西，那是很失礼的表现。	名片代表的是一个人的身份，在未确定对方的来历之前，不要轻易递送名片。否则，不但有失庄重，而且可能被日后冒用。同样，为了尊重对方的意愿，尽量不要向他人索取名片。
递送名片	向对方递送名片时，要起身站立，走上前去，面带微笑，注视对方，问候之后，将名片正对着对方，用双手的拇指和食指分别持握名片上端的两角送给对方，并伴随简单的自我介绍。递送名片要掌握适宜时机，一般在选择刚认识或分别的时候，不要在用餐、娱乐之际递送名片。交换名片时，一般是地位低的人先向地位高的人递名片；男性先向女性递名片。当对方不止一个人时，应先将名片递给职位较高或年龄较大的人。如果分不清职位高低和年龄大小时，一般由近向远、按顺时针或逆时针方向依次发送。	
接受名片	当别人表示要递送名片或交换名片时，不论有多忙，都要暂停手中的事情，并起身站立相迎，面带微笑，用双手的拇指和食指接住名片的下方两角，也可使用右手，而不得使用左手。接过名片后，先向对方致谢，然后将名片默读一遍，若有显示对方荣耀的职务、头衔可轻读出声；如果对方的组织名气很大或个人的知名度高，也可只重读组织名称或对方姓名，以示尊重和敬佩，然后要谨慎地放在名片夹、公文包、办公桌或上衣口袋内。若有疑问，可当场请教对方。接到名片后，应表现出十分珍惜的样子，切不可在手中摆弄；也不可随意放在桌上，或随便拿在手上，或者放在手中搓来搓去。	
索取名片	一般情况下，不应向对方强索名片，如果想主动结识对方，或者想索取对方名片，应采取恰当的方法。索取他人的名片的正确做法是把自己的名片先递给对方，以此求得对方的回应。如果担心对方不回送，可以在递上名片的同时说："能否有幸和您交换一下名片？"对长辈或地位、声望高于自己的人，可以说："以后怎样才能向您请教？"对平辈和身份、地位相仿的人，可以问："今后怎么和你保持联系？"这两种说法都带有"请留下一张名片"之意。切忌逢人便索取名片，过分热衷于名片的交换，反而有失礼仪，使人敬而远之，甚至遭人轻视。	

【训练题目】

（1）学生两人一组练习递送、接受名片。

（2）教师随机设计情景，考核学生索取名片的技巧。

实训任务 4　握手礼仪

握手是社会交往中常用的礼节，也是适用范围最广的见面致意礼节。握手时的姿态、用力的轻重、时间的长短以及是否有目光接触等，都可以反映出一个人的修养和对他人尊重的程度。

【训练目标】

（1）掌握握手的方式、基本礼仪。

（2）了解恰当的握手时机。

【训练准备】

分组、本实训指导书、场地。

【训练内容】

训练项目	训练要求	备注
单手式	单手式是最普通的握手方式，握手时，一般距对方约一步远，双脚立正或脚尖打开呈八字步，上体稍前倾，肘关节微曲抬至腰部，伸出右手，四指并拢，拇指张开，手掌应与地面垂直，以手指稍用力握对方的手掌，上下摇动两三下，注视对方，并配以微笑和问候语。	
双手式	双手式握手通常传递的是一种热情真挚、尊敬感激之情，如在向他人表示深深的谢意或慰问时常采用双手式握手。握手时，主动握手者用右手握住对方的右手，左手握住对方右手的手背。但这种握手方式不宜每次都用，它只在晚辈对长辈，身份低者对身份高者，或同性朋友之间握手时使用。	男子对女子一般不用这种握手方式。
仪态	与他人握手，一般应起身站立，除非是长辈或女士，否则坐着与人握手是失礼的。握手前，双方招呼或点头示意。握手时，应面带微笑，目视对方双眼，并且致意，表现出关注、热情和友好之意。握手一定要用右手，这是约定俗成的礼仪，如果伸出左手是十分失礼的。为表示对交往对象的热情友好，握手时可以稍许用力，但切不可过大。	男子与女子握手不能握得太紧，用力可轻一些，如果是故友重逢或与邀请宾客，可稍加用力。
时间	握手时间的长短可根据握手双方的亲密程度灵活掌握，与他人握手的时间不宜过长或过短。时间过短，会给人以应付、走过场的感觉；时间过长，尤其是握住异性和初相识者的手时间过长，是失礼的表现，一般应控制在 3 秒左右为宜。老朋友或关系亲近的人则可以边握手边问候，甚至双手长时间地握在一起。	

【训练题目】

（1）学生两人一组练习单手式、双手式握手。

（2）李辉是某公司的销售员,他在一次展览会上遇到一位进行产品咨询的客户,李辉与客户展开了交谈。每组选两位同学,模拟李辉与客户展开交谈前的情景,注意称呼、握手、名片礼仪的综合运用。

案例分析

案例:

请阅读以下两段面试对话。

场景 1

招聘者:"从你的简历得知,你的英语已达到六级水平,真是不简单呀。"

求职者:"您过奖了,其实我周围很多同学都达到了这个水平,我也是一般而已。况且,我还有很多不足,譬如,我的计算机水平总是跟不上,很多同学都过了二级,我还是停留在初级水平上;还有一些专业课也学得很不好,让我头疼得很。有时,我也觉得自己很没用。"

招聘者:"原来你对自己很没有信心。"

场景 2

招聘者:"据我了解。你干推销似乎挺会赚钱的,对吗?"

求职者:"是的,我干推销有一些赚钱的新招。因为我读的是××名牌大学营销专业,又曾在××企业的推销部门兼职,所以,对于赚钱,我还是挺有把握的。"

招聘者:"噢,原来你是××名牌大学的高才生,不过我们单位较小,层次较低,目前暂时不要名牌大学的毕业生,很抱歉。"

问题:

(1) 结合案例谈谈以上两个人的自我介绍的问题出在哪里。

分析:＿＿＿＿＿＿＿＿＿＿＿＿＿＿＿＿＿＿＿＿＿＿＿＿＿＿＿＿＿＿＿＿＿＿

＿＿＿

＿＿＿

(2) 结合所学知识谈谈自我介绍有哪些形式,应注意哪些问题。

分析:＿＿＿＿＿＿＿＿＿＿＿＿＿＿＿＿＿＿＿＿＿＿＿＿＿＿＿＿＿＿＿＿＿＿

＿＿＿

＿＿＿

模块 2 送 访 礼 仪

送访包括拜访和送客两个环节,是社会交往活动中必不可少的重要环节,能体现双方的修养和风度,不但涉及个人的形象,而且能体现出所在企业的形象。

实训任务 5 拜访礼仪

拜访一般是指前往他人的工作地点或私人居所会晤对方、探望对方或是进行其他方面的接触,是社交活动最常见的形式之一。

【训练目标】

掌握生活中拜访的基本礼仪。

【训练准备】

分组、本实训指导书、场地。

【训练内容】

训练项目	训 练 要 求	备　注
有约在先	当有需要去拜访他人时,首先要考虑主人是否方便,为此一定要提前口头告知对方或者写信、打电话给对方,比如可以说:"我想在您方便的时候去看看您,不知道是否合适?"须注意,如果是自己主动提出拜访他人时,千万不要措辞强硬,逼着对方同意,语气要和缓,并有意识地把决定权让给被拜访者。这样有约在先之后,拜访才能在主宾双方都方便的情况下进行。	
客随主便	拜访者应与被拜访者共同商定拜访的时间与地点,在这个问题上应该客随主便。一般来说,被拜访者乐于在家中接待关系较为密切的朋友,以示双方的友谊非同寻常。但是如果居所过于窄小,恐怕就不方便了。做客时,一定要考虑到这些因素。另外,对于那些在单位工作的人,最好不要为个人私事到对方办公地点去打扰,以免对方为难,因为很多单位规定不允许上班时间处理私事。至于拜访时间,也一般以被拜访者感到方便为佳。	
访前准备	一旦决定去拜访他人,必须做好充分的准备。首先,为了向被拜访者表示敬重和对此次拜访的重视,在拜访前应"梳妆打扮"一番,服饰应根据被拜访者的身份、双方的关系及拜访的场所等进行选择。其次,要为被拜访者及其家人选择一份既有纪念意义又有实用价值的礼品。最后,要有时间观念,一旦与被拜访者约好了会面的具体时间,就应如期而至,不能随意变动双方约定的时间,打乱被拜访者的安排;还应按照双方约定的时间准时到达。	一般情况下,前去拜访的人数不宜过多,未征得被拜访者的同意,最好不要带其他人,特别是与被拜访者毫不熟悉的人。

训练项目	训 练 要 求	备 注
注意细节	按事先约定的时间来到被拜访者的居所后,如无人迎接,在进门前应首先敲门或按门铃,以通知主人自己来到。进入室内前,应在门垫上擦干鞋底,或在主人同意后,换上指定的拖鞋。进门后,在进入客厅前应脱下外套、帽子,并将其与随身携带的皮包等一同交给主人代为存放。一般来说,去居所拜访他人时,活动范围仅限于其客厅内,且要落座于主人相让之处。拜访做客的时间,如果无要事相商,不宜停留过长时间,一般以半小时左右为宜。辞行前,应向主人的家人和其他客人道别,并感谢主人的盛情接待。出门时,应请主人就此留步。如有意请主人回访,可在同主人握别时提出邀请。	不经主人邀请或没有获得主人的同意,不得要求参观主人的卧室。

【训练题目】

简述拜访应注意的事项。

实训任务 6　待客礼仪

【训练目标】

掌握生活中待客的基本礼仪。

【训练准备】

分组、本实训指导书、场地。

【训练内容】

训练项目	训 练 要 求	备 注
礼貌迎客	如果客人是第一次来访,或者客人是长辈、师长,为表现对客人的尊重,应根据双方事先约好的时间去迎接客人。在迎接客人时,如果双方事先约好了见面地点,作为主人必须早到几分钟。迎接客人时,一般主人要亲自前往。一般情况下,开门迎客时,最好能和配偶或朋友同往,以示对客人的礼貌、尊敬。开门后,主人要先向客人握手,并致问候,然后将客人介绍给配偶或朋友,尤其是初次来访的客人。然后主人在前,客人在后,请客人进屋、落座。如果客人脱下外套、帽子等或随身携带有包,主人一定要帮助代为存放。如果需要的话,还可请客人换上拖鞋之后再进入客厅,不过对此主人不必过分注重,以免使客人感到拘束。有时会遇到个别客人不期而至,那么出于礼貌,不管自己正在做什么,都应把事情停下来,起身去接待对方。	不要因事先不曾有约而怠慢客人,将客人拒之门外,或面露悻悻之色,使客人难堪。正确的做法是应尽快了解客人的来意,以便妥善处理。

续表

训练项目	训 练 要 求	备　注
周到待客	客人进入客厅后,主人要让客人在适当的位置就座,如果有家人或朋友在,应请他们出来与客人见面,并逐一进行认真的介绍。遇客人有礼品相赠,只要没有贿赂之嫌,稍微谦让后就该收下,并当客人的面打开礼品包装,且表示对礼品的欣赏,但切忌做得过分,让客人感到主人虚伪。对熟识的朋友,交谈的内容虽可以随便些,但也不宜当客人的面公开家庭内部的矛盾,更不能发生口角或因小孩子做了错事而大发雷霆。在接待客人时,最好不要去做与待客毫不相干的事。如果客人待的时间久了,也不要因此而显出厌倦或不耐烦的样子,不要长时间冷场,不要频繁地看表,不要打哈欠,以免对方误以为主人要逐客。待客过程中,主人要请客人用糖果、饮料等。客人告辞时,主人应婉言相留。如客人执意要走,也要等客人起身告辞时,主人再站起来相送,不能客人刚说走,主人就先站起来相送,这是不太礼貌的。	

【训练题目】

（1）简述待客应注意的事项。

（2）周末的一天,小孙到邻居小李家做客,一起看球赛直播,小李 5 岁的儿子淘淘恰巧在家,看家里来了客人,淘淘变得特别"活泼",不停地在客厅跑来跑去,手里的玩具枪还不时地发出"嘟嘟嘟"的声音。小李非常生气。如果你是小李会怎么做？请模拟此场景,进行情景剧表演。

实训任务7　送客礼仪

【训练目标】

掌握生活中送客的基本礼仪。

【训练准备】

分组、本实训指导书、场地。

【训练内容】

训练项目	训 练 要 求	备　注
礼貌送客	如果是非常熟识的好友,要把客人送到门外或楼下,亲切道别,并邀请客人有时间再来。一般道别时,要待客人伸出手来握别时,方可以手相握,切不可在送客时抢先"出手",免得有厌客之嫌。如果给远道的朋友送行时,要送到火车站、飞机场或轮船码头,并要为客人准备好一些旅行中吃的食品,如水果、糕点或其他方便食品。送人要等火车、飞机或轮船开动后再离开。如果有事不能等候很长时间,应向客人解释原因,以表示歉意。总之,无论是招待客人还是送别好友,都要使对方感到主人热情、诚恳、有礼貌、有修养,使客人感到温暖、融洽,给客人留下良好印象。	

【**训练题目**】

（1）简述送客应注意的事项。

（2）王平是李力的大学同学，李力听说王平要到沈阳出差，便和他约好时间到机场接他。接王平的当天李力携妻子赵小梅一起来到了机场。毕业 5 年多，李力和王平一直未见面，彼此都已成家。经过简单的寒暄与介绍，他们就来到了李力的家。每组找 3 名同学，分别扮演王平、李力、赵小梅，模拟迎接、做客、待客的场景。

案例分析

案例：

1957 年国庆节后，周总理去机场送一位外国元首离京。当那位元首的专机腾空起飞后，外国使节、武官的队列依然整齐，并对元首专机行注目礼。但我国的几位政府官员和将军却提前离开了队列。周总理目睹这一情况后，当即派人把他们叫回来，一起向在机场上空盘旋的飞机行告别礼。待送走外国使节和武官之后，周总理特意把我国参与送行的官员和将领都留下来，严肃地给他们"上了一课"："外国元首的专机起飞后绕机场上空盘旋，是表示对东道国的感谢，东道国的主人必须等飞机从视线里消失后才能离开；否则，就是礼貌不周……我们的举动代表着人民和军队的仪表，虽然这只是几分钟的事，如果我们不加以注意，就很可能因小失大，让国家的形象受损。"

问题：

（1）结合案例谈谈周总理为什么给送行官员"上了一课"。

分析：

（2）谈谈在送客过程中如何给他人留下良好印象。

分析：

模块 3　馈 赠 礼 仪

实训任务 8　馈赠技巧

【**训练目标**】

掌握馈赠的基本技巧。

【训练准备】

分组、本实训指导书、场地。

【训练内容】

训练项目	训 练 要 求	备　注
馈赠目的	每个人送礼都有一定目的,给朋友送礼是为了加深友谊,父母给孩子送礼是为了增进亲情,丈夫给妻子送礼是为了升华爱情,职员给领导送礼是为了深化私情。因此,不同的送礼目的决定了购买礼品的不同。	
馈赠对象	针对不同性格、不同地位和品位的人,所送礼品也各不相同。一个事业心很强的人,在生日或喜庆之日,若能送些含有"大展宏图""马到成功"之意的礼品,他定会心满意足。晚辈给长辈送礼,要选择保健、滋补类的礼品为宜。如果送礼对象是一个商人,则要送些象征"财源广进""生意兴隆"之类的礼品。	
馈赠时机	佳节自然会让你想到与亲人团聚,这时不妨送上一些吉祥、团聚之物;"六一"儿童节,大人就会考虑给小孩送些玩具、学习文具之类的礼品,这也是增进亲情、鼓励上进的一种方法;"兰舟催发,执手相看泪眼"是情人离别的意境,如送上饰品之类礼品则更能表达情人间的绵绵真情;火车的一声长鸣,数年同窗,今朝各奔天涯,给亲爱的学友留下一本纪念册或精美电话簿,就代表了情深意长。因此,不同时间赠送的礼品将表达不同的感情。 在不同的环境下,要用不同的礼品来表达心意。在有些国家,对方送礼后必须还礼;在有的国家(如日本),要选择人不多的场合送礼;而在阿拉伯国家,必须有其他人在场,送礼才不会有贿赂的嫌疑;在英国,合适的送礼时机是请别人用完晚餐或在剧院看完演出之后;在法国,不能向初次结识的朋友送礼,应等下次相逢的适当时机再送。	

【训练题目】

(1)分两个小组设计情景,各小组根据对方设计的情景选择礼品、表达心意,然后彼此点评。

(2)某寝室的一个同学过生日,作为室友,你们想为他(她)准备一件生日礼物,便聚到一起讨论送什么礼物。请模拟讨论现场,并说出选择礼物的理由。

实训任务 9　馈赠方式

【训练目标】

掌握基本的馈赠方式。

【训练准备】

分组、本实训指导书、场地。

【训练内容】

训练项目	训练要求	备注
当面馈赠	当面馈赠是最庄重的一种方式,可以充分表达馈赠的用意,有时还可以介绍礼品的寓意,演示礼品的用法,令馈赠礼仪得以淋漓尽致地发挥,也使受礼者感受馈赠的良苦用心。	西方人在送礼时十分看重礼品的包装,多数国家的人们习惯用彩色包装纸和丝带包扎,西欧国家喜欢用淡色包装纸。与中国的习俗不同,西方国家人们在接受礼物后会即刻表示感谢,并当面拆看,不论其价值大小,都会对礼物表示赞赏。
邮寄馈赠	这通常是异地馈赠的方式。由于身处异地,无法当面馈赠,通过邮寄及时馈赠来弥补无法面送的缺憾。这种方式克服了"过期失效"的不足,保证礼品及时送上。	
委托馈赠	由于馈赠人身在外地,或者不宜当面馈赠,可以选择委托馈赠。采用这种方式,必须有充分的理由。	

【训练题目】

简述馈赠的基本方式。

_____

_____

案例分析

案例:

2005 年 4 月 29 日,连战访问北京大学,获得了一份特殊的礼物:母亲赵兰坤女士在 76 年前毕业于燕京大学的学籍档案和相片,其中包括在宗教系就读的档案、高中推荐信、入学登记表、成绩单等,大多是她亲笔写的字。在这份特殊的礼物面前,一贯严谨的连战先生也难掩内心的激动。他高举母亲年轻时候的照片,然后细细端详,眼里泛着晶莹的泪光。这一刻,他满脸都是幸福的微笑。

问题:

(1) 结合案例谈谈北京大学的馈赠为什么会取得良好的效果。

分析: _____

_____

_____

(2) 日常生活中我们如何为他人选购礼品?

分析: _____

_____

_____

考 核 表

考核内容	考核标准	分值	考核成绩
出勤情况	按时出席,不迟到、不早退	10	
课堂表现	听课认真、反馈积极	10	
训练题目	准备充分、操作正确	20	
	合作默契、善于分享	20	
	能根据题目要求规范填写	10	
案例分析	能结合所学知识与相关资料进行分析,分析有理有据,语言表述清晰	30	
总　　分			
学生自评			
组内互评			
教师评语			

第 5 章　宴请礼仪训练

实 训 安 排

模 块 设 计	实训任务设计	学时安排
模块 1　中餐礼仪	实训任务 1　中餐餐具礼仪	1 学时
	实训任务 2　中餐位次礼仪	
	实训任务 3　中餐酒水礼仪	
模块 2　西餐礼仪	实训任务 4　西餐餐具使用礼仪	1 学时
	实训任务 5　西餐用餐礼仪	
	实训任务 6　西餐酒水礼仪	
	实训任务 7　西餐位次礼仪	
模块 3　宴会礼仪	实训任务 8　宴请形式	1 学时
	实训任务 9　宴请的准备	
	实训任务 10 宴请礼仪	
总学时	3 学时	

模 块 1　中 餐 礼 仪

随着中西饮食文化的不断交流,作为中国传统饮食的中餐,也越来越受到外国人的青睐。而这种看似再平常不过的中式餐饮,用餐时的礼仪也是有一番讲究的。

实训任务 1　中餐餐具礼仪

中餐餐具主要有杯、盘、碗、碟、筷、匙 6 种。在正式的宴会上,水杯放在菜盘上方,酒杯放在右上方。筷子与汤匙可放在专用的碟子上,或放在纸套中。

【训练目标】

（1）了解中餐餐具礼仪的重要性。

（2）掌握中餐餐具礼仪的基本内容。

【训练准备】

分组、本实训指导书、场地、筷子、勺子、碗、杯具。

【训练内容】

训练项目	训练要求	备注
筷子	筷子是中餐最主要的餐具，使用筷子，通常必须成双使用。在与人交谈时，要暂时放下筷子，不能一边说话，一边挥舞着筷子；不要把筷子竖插在食物的上面；不要用筷子剔牙、挠痒或当众摆弄筷子。	
勺子	勺子的主要作用是舀取菜肴、食物。有时，用筷子取食物时也可以用勺子来辅助。不用勺子时，应将勺子放在自己的碟子上，不要把它直接放在餐桌上或插在食物中。用勺子取食物后，要立即食用或放在自己碟子里，不能再把食物倒回原处。不要把勺子塞到嘴里，或者反复吮吸、舔食。	
盘子	中餐的盘子有很多种，大些的用于盛放公用菜品，一般要求保持原位，无须移动；稍小点的盘子叫食碟，主要用于盛放个人食物。食碟主要用来暂放从公用的菜盘里取来的菜肴。用食碟时，一次不要存放过多的菜肴，不吃的残渣，如骨、刺等不要吐在地上、桌上，而应轻轻取放在食碟前端，放的时候不能直接从嘴里吐在食碟上，要用筷子夹放到碟边。如果食碟放满了，可以让服务员换一个。	
碗	碗主要用来盛放主食、羹汤，所以要注意以下一些礼仪细节：不能用双手端起碗来进食，不能向碗里乱扔废弃物，不能将碗倒扣在桌上。如果汤是单独由带盖的汤盅盛放的，表示汤已经喝完的方法是将汤勺取出放在垫盘上，把盅盖反转平放在汤盅上。	
杯具	中餐的水杯主要用于盛放清水、果汁、汽水等软饮料。注意不要用水杯来盛酒，也不要倒扣水杯。另外，需注意喝进嘴里的东西不能再吐回水杯里，这样是十分不雅的。	

【训练题目】

（1）以小组为单位练习餐具的摆放。

（2）练习各种中式餐具在使用上需要注意的内容。

实训任务 2　中餐位次礼仪

中餐宴会的桌次和座次的排列体现了来宾的身份与主人给对方的礼遇，主要依据礼宾次序和国际惯例来安排。

【训练目标】

（1）了解中餐礼仪桌次和座次的排列礼仪的基本内容。

（2）掌握处理桌次和座次排列的方法。

【训练准备】

分组、本实训指导书、场地、桌子、餐具。

【训练内容】

训练项目	训练要求	备　注
确定主位	主位通常是指主人的位置,或指用餐者中最重要的人的位置,主位以面门、居中、视野开阔为上。	
以右为尊	主宾位以主位右侧为上。如果主宾身份高于主人,为表示尊重,也可以安排在主位上,而主人坐在主宾的右侧。	
以中间为尊	3 人一同就座用餐,坐在中间的人在位次上高于两侧的人。	
面门为上	用餐的时候,按照礼仪惯例,面对正门者是上座,背对正门者是下座。	
特殊情况	高档餐厅里,室内外往往有优美的景致或高雅的演出供用餐者欣赏。这时候,观赏角度最好的座位是上座。在某些中低档餐馆用餐时,通常以靠墙的位置为上座,靠过道的位置为下座。	

【训练题目】

指导教师给出特定场景,由学生排列位次。

实训任务 3　中餐酒水礼仪

酒会以酒水为主。酒会备有各种小吃、点心和一定数量的冷热菜;酒水以鸡尾酒、啤酒为主,外加一些果汁,不用或少用烈酒;不设刀叉。

【训练目标】

（1）熟悉中餐酒水礼仪的形式。

（2）掌握饮酒过程中的注意事项。

【训练准备】

分组、本实训指导书、场地、桌子、餐具。

【训练内容】

1. 饮酒礼仪

训练项目	训练要求	备注
中国白酒	我国是制曲酿酒的发源地,在中国几千年的文明史中酒和酒文化一直占据着重要地位。在中国,酒不仅是一种客观存在的事物,更是一种特殊的文化形式,饮酒的意义远大于口腹之欲,在许多场合更是一种文化符号,用来表示一种心境、一种气氛、一种礼仪。我国酿酒历史悠久,技术先进,在中国政治、经济、文化等领域发挥着非常重要的作用。中国白酒是以粮谷为主要原料,以大曲、小曲或麸曲及酒母等为糖化发酵剂,经蒸煮、糖化、发酵、蒸馏而制成的蒸馏酒,又称烧酒、老白干、烧刀子等。酒质无色(或微黄)透明,气味芳香纯正,入口绵甜爽净,酒精含量较高,经贮存老熟后,具有以酯类为主体的复合香味。据《本草纲目》记载:"烧酒非古法也,自元时创始,其法用浓酒和糟入甑(指蒸锅),蒸令气上,用器承滴露。"由此可以看出,我国白酒的生产已有很长的历史。根据曲种不同,白酒分为大曲酒、小曲酒、麸曲酒、混曲酒等。大曲块大,主要包含曲霉菌和酵母;小曲块小,主要包含毛霉菌、根霉菌和酵母。霉菌将粮食中的淀粉分解成糖,酵母再将糖转化为酒精。小曲发热量低,适于南方湿热气候。	
敬酒礼仪	敬酒也就是祝酒,是指在正式宴会上,由男主人向来宾提议,提出某个事由而饮酒。敬酒可以随时在饮酒的过程中进行。要是致正式祝酒词,就应在特定的时间进行,并不能因此影响来宾的用餐。祝酒词适合在宾主入座后、用餐前开始,也可以在吃过主菜后甜品上桌前进行。	
饮酒礼仪	在中餐里,饮酒前可以象征性地和对方碰一下酒杯。碰杯的时候,应该让自己的酒杯低于对方的酒杯,表示对对方的尊敬。用酒杯杯底轻碰桌面,也可以表示和对方碰杯。当你离对方比较远时,完全可以用这种方式。如果主人亲自敬酒干杯后,应回敬主人,和他再干一杯。如果因为生活习惯或健康等原因不适合饮酒,也可以委托亲友、部下、晚辈代喝或者以饮料、茶水代替。作为敬酒人,应充分体谅对方,在对方请人代酒或用饮料代替时,不要非让对方喝酒不可,也不应该好奇地"打破砂锅问到底"。要知道,别人没主动说明原因就表示对方认为这是他的隐私。	
注意事项	(1) 众欢同乐。大多数酒宴宾客较多,所以应尽量多谈论一些大部分人能够参与的话题,得到多数人的认同。 (2) 结交朋友。大多数酒宴会有一个主题,也就是酒宴的目的。宴会时首先应环视一下各位的神态表情,分清主次,不要单纯地为了喝酒而喝酒,而失去交友的好机会,要了解邀请方的目的,敬酒要照顾大局。 (3) 语言得当。酒桌上可以显示出一个人的才华、常识、修养和交际风度,有时一句诙谐幽默的语言,会给别人留下很深的印象,使人无形中对你产生好感。 (4) 劝酒适度。以酒论英雄,酒量大的人还可以,酒量小的人就犯难了,有时过分地劝酒,会将原有的朋友感情完全破坏。 (5) 分清次序。敬酒也是一门学问。一般情况下敬酒应以年龄大小、职位高低、宾主身份为序,敬酒前一定要充分考虑好敬酒的顺序,分清主次。与不熟悉的人在一起喝酒,要先打听一下对方身份或是留意别人如何称呼,做到心中有数,避免出现尴尬的场面。敬酒时一定要把握好敬酒的顺序,如果在场有身份高或年长的人,要先给尊者、长者敬酒。 (6) 饮酒适量。酒宴上要看清场合,正确估计自己的实力,不要太冲动,尽量保留一些酒力和说话的分寸,既不让别人小看自己又不要过分地表露自身,选择适当的机会,逐渐放射自己的锋芒,才能稳如泰山。	同桌饮酒时要注意不要与人贴耳小声私语,这样会给别人一种神秘感,会使他人受到冷落而影响喝酒的心情。

2. 饮茶礼仪

训练项目	训练要求	备注
茶叶、茶具类型	绿茶,是我国产量最多的茶叶,属于不发酵茶,其基本特征是叶绿汤清。代表名优茶有西湖龙井、洞庭碧螺春、黄山毛峰、庐山云雾、信阳毛尖、日照雪青等。绿茶具有抗衰老、抗菌、降血脂、防癌、美白等作用。玻璃茶具宜赏形,适合针形茶和扁形茶;白瓷茶具宜赏茶汤,适合碧螺春等细嫩茶品。用紫砂壶也可冲泡绿茶。 红茶,属于发酵茶,其基本特征是叶红汤红,在国际市场上交易量很大。代表名优茶有正山小种、坦洋工夫、祁门红茶、滇红、川红等。红茶具有提神消疲、生津清热等功效。红茶的国际性使茶具泾渭分明。国人通常用白瓷茶具冲泡,用玻璃茶具赏茶汤;而欧美的下午茶通常使用彩色西洋瓷器,平时使用玻璃茶具。 乌龙茶,属于部分发酵茶,也称青茶,其外形色泽青褐,冲泡后叶片红绿相间,色泽黄红,有天然花香,滋味浓醇。主要类型有闽北乌龙、闽南乌龙、广东乌龙和台湾乌龙。代表名优茶有武夷岩茶、安溪铁观音、凤凰单枞、冻顶乌龙等。闽北乌龙宜用紫砂壶冲泡,可调柔岩茶中的刚猛之气;白瓷茶具也是常用器具。 白茶,属轻微发酵茶,其外形芽毫完整,冲泡后汤色明亮,黄绿清澈,滋味清淡。代表名优茶有福鼎白毫银针、政和白牡丹等。冲泡白茶时以陶制茶具、竹木茶具为佳,力求古朴自然。 黄茶,属于轻微发酵茶,其最显著特点是黄叶黄汤,味甘鲜爽。代表名优茶有君山银针、蒙顶黄芽、温州黄汤、霍山黄大茶等。冲泡黄茶时紫砂茶具最好,也可用玻璃茶具赏形。 黑茶,属于微发酵茶,其最显著特点是叶长宽大厚实、色泽油黑,冲泡后汤色橙黄、香味醇厚。代表名优茶有安化黑茶、蒲沂老青茶、云南普洱茶、广西六堡茶等。黑茶具有助消化、解油腻、降脂、软化人体血管、预防心血管疾病的作用。冲泡黑茶时宜用陶制茶具或粗粒紫砂壶,借茶具的吸附去除茶叶因存放而形成的异味。	
茶礼	生活饮茶礼仪虽然不如茶馆烦琐,却是体现个人修养的好时机。无论是饮茶还是敬茶,都需要端坐于椅子中央。放置茶壶时壶嘴不能正对客人,否则表示请客人离开;斟茶时只有七分满即可,暗喻"七分茶三分情",也便于握杯品饮。向泡茶者表示感谢时,需要用"叩指礼"回礼。晚辈向长辈:五指并拢成拳,拳心向下,5根手指同时敲击桌面,相当于五体投地跪拜礼,一般敲3下即可。平辈之间:食指中指并拢,敲击桌面,相当于双手抱拳作揖,敲3下表示尊重。长辈向晚辈:食指或中指敲击桌面,相当于点下头,如特别欣赏晚辈可敲3下。主人给客人每冲泡一次茶品的时候,客人都应该行"叩指礼"作为回礼的。	

【训练题目】

以组为单位,模拟彼此敬酒、敬茶的场景。

案例分析

案例：

老王是某企业的工程师，他热情开朗，乐于助人，对工作认真负责，但他有一个毛病，就是在餐桌上特别喜欢劝酒，对别人的敬酒也"来者不拒"，所以一顿饭下来，经常醉得不省人事。所以公司里的同事聚餐时特别害怕和他坐在一起，有的时候甚至都不邀请他。老王也经常纳闷为什么同事都对他"敬而远之"？

问题：

（1）请结合案例分析为什么同事都对老王"敬而远之"。

分析：_____

_____

_____

_____

（2）谈谈饮酒时应注意的事项。

分析：_____

_____

_____

_____

模块 2　西 餐 礼 仪

西餐是对西式饭菜的一种约定俗成的统称，主要是指欧美国家的饮食，包括英式菜、美式菜、法式菜、意式菜和俄式菜等。随着东西方文化交流的不断深入，西餐已经逐渐进入了中国人的生活，并受到了一定的欢迎。

实训任务 4　西餐餐具使用礼仪

【训练目标】

掌握西餐餐具的使用方法。

【训练准备】

分组、本实训指导书、场地、桌子、盘子、刀、叉、酒杯等。

【训练内容】

训练项目	训练要求	备　注
刀	刀分为食用刀、鱼刀、肉刀、黄油刀和水果刀。正确的拿刀姿势是：右手握住刀柄，拇指按着柄侧，食指压在柄背上。刀是用来切割食物的，不应挑起食物往嘴里送。用餐时，如果有 3 种不同规格的刀同时出现，一般正确的用法是：带小锯齿的刀用来切肉制食品；中等大小的刀用来将大片的蔬菜切成小片；小巧的刀，或尖是圆头的、顶部有些上翘的小刀，用来切开小面包，然后用它挑些果酱、奶油涂在面包上面。	
叉	叉分为食用叉、鱼叉、肉叉和虾叉。叉子的拿法有背侧朝上和内侧朝上两种，要视情况而定。背侧朝上的拿法和刀一样，以食指压住柄背，其余 4 指握柄，食指尖端大致在柄的根部，若太往前，外观不好看；若太往后，叉不太能使劲，硬的食物就不容易叉进去。叉子内侧朝上时，则如铅笔拿法，以拇指、食指按柄上，其余 3 指支撑柄下方；拇指和食指要按在柄的中央位置，如果太向前，会显得笨手笨脚。左手拿叉，叉齿朝下，叉起食物往嘴里送，吃面条类软质食品或豌豆时叉齿可朝上。动作要轻，捡起适量食物一次性放入口中，不要拖拖拉拉一大块，咬一口再放下，这样很不雅。叉子叉起食物入嘴时，牙齿只碰到食物，不要咬叉，也不要让刀叉在齿上或盘中发出声响。吃体积较大的蔬菜时，可用刀叉来分切。	
匙	匙则有汤匙、甜食匙和茶匙。公用刀、叉、匙的规格明显大于餐用刀叉。在正式场合下，匙有多种，小的主要用于咖啡和甜点心；扁平的用于涂黄油和分食蛋糕；比较大的用来喝汤或盛碎小食物；最大的是公用的，用于分食汤，常见于自助餐。以上几种匙的作用切莫搞错。汤匙和点心匙除了喝汤、吃甜品外，绝不能直接舀取其他主食和菜品；不可以将餐匙插入菜肴当中，更不能让餐匙直立于甜品、汤或咖啡等饮料中。进餐时不可将整个餐匙全部放入口中。	

【训练题目】

（1）安排学生进行西餐用餐的训练，教师现场指导。

（2）互相交流西餐用餐礼仪需要注意的事项。

实训任务 5　西餐用餐礼仪

【训练目标】

（1）掌握西餐的上菜顺序。

（2）掌握使用西餐餐具时需要注意的礼仪。

【训练准备】

分组、本实训指导书、场地、桌子、盘子、刀、叉、酒杯等。

【训练内容】

训练项目	训练要求	备注
开胃菜	开胃菜也称头盘、前菜。一般有冷盘和热盘之分,常见的品种有鱼子酱、鹅肝酱、熏鲑鱼、沙拉、什锦冷盘等。在西餐里,开胃菜往往不列入正式菜序。	
面包	面包通常在开餐前5分钟左右送上。西餐正餐面包一般是切片面包,吃面包时,可根据个人口味,涂上黄油、果酱等。	
汤	汤可分为清汤与浓汤两大类,也具有开胃作用,品种有牛尾清汤、各式奶油汤、海鲜汤、美式蛤蜊汤、意式蔬菜汤、俄式罗宋汤、法式葱头汤等。正式喝汤才算是正式吃西餐的开始。	
主菜	主菜多为肉、禽类菜肴或海鲜。正式的西餐宴会上,一般为一道冷菜两道热菜,两道热菜中一道是海鲜,由鱼或虾以及蔬菜组成;另一道是肉菜,是西餐中必不可少的主菜,其中最有代表性的是牛肉或牛排,配以蔬菜,代表着此次用餐的最高水平。	
蔬菜类菜肴	蔬菜类菜肴通常为配菜,可以安排在肉类菜肴之后,也可以与肉类菜肴同时上桌。蔬菜类菜肴在西餐中称为沙拉。与主菜同时搭配的沙拉,称为生蔬菜沙拉,一般用生菜、番茄、黄瓜、芦笋等制作。还有一类是用鱼、肉、蛋类制作的,一般不加调味汁。	
甜品	西餐的甜品是主菜后食用的,可以算作第六道菜。从真正意义上讲,它包括所有主菜后的食物,如点心、冰激凌、奶酪等。	
水果	吃完甜点,一般会上一份新鲜水果。	
热饮	热饮一般为红茶或咖啡,以帮助消化。	

【训练题目】

两个同学为一组练习使用西餐餐具礼仪。

实训任务6　西餐酒水礼仪

【训练目标】

(1) 掌握西餐中的饮酒礼仪。

(2) 掌握喝咖啡基本礼仪。

【训练准备】

分组、本实训指导书、场地、酒杯、咖啡杯、咖啡勺。

【训练内容】

1. 饮酒礼仪

训练项目	训练要求	备注
蒸馏酒	从狭义上讲,白兰地(Brandy)是指葡萄发酵后经蒸馏而得到的高度酒精,再经橡木桶贮存而成的酒。从广义上讲,白兰地是一种蒸馏酒,以水果为原料,经过发酵、蒸馏、贮藏后酿造而成。以葡萄为原料的蒸馏酒叫葡萄白兰地,人们通常提到的白兰地,都是指葡萄白兰地。以其他水果原料酿成的白兰地,应加上水果的名称,如苹果白兰地、樱桃白兰地等,但它们的知名度远不如葡萄白兰地高。品白兰地要用专用的白兰地酒杯,通常为杯口小、腹部宽大的矮脚酒杯,杯中一次只倒约一盎司,玻璃杯置于掌心,以掌心的热度温酒,喝酒时先轻晃酒杯,用鼻子闻酒香,然后浅酌细品。白兰地通常喝法包括纯饮、冰饮、饮料勾兑饮等。 威士忌(Whiskey)是以大麦、黑麦、燕麦、小麦、玉米等谷物为原料,经发酵、蒸馏后放入橡木桶中陈酿、勾兑而成的一种酒精饮料。主要生产国为英语国家。从广义上讲,威士忌是所有以谷物为原料制造出来的蒸馏酒的统称。酒杯杯口可大可小,只要便于加冰或饮料即可。喝威士忌较随意,可以喝纯的,可以加冰块,口感丰润,不烈不呛;也可以和饮料勾兑饮用,降低酒精浓度,增加甜度。 伏特加酒(Vodka)是以谷物或马铃薯为原料,经过蒸馏制成高达 95° 的酒精,再用蒸馏水淡化至 40°～60°。伏特加酒经过活性炭过滤,因此酒质更加晶莹澄澈,无色且清淡爽口,使人感到不甜、不苦、不涩,只有烈焰般的刺激,从而形成其独具一格的特色。伏特加通常喝法包括纯饮、冰饮、饮料勾兑饮等。 金酒(Gin)是以谷类蒸馏酒经杜松子与其他香料串香制成的蒸馏酒,又称杜松子酒、毡酒、琴酒。金酒最大特点是有怡人的杜松子香气。金酒一般不用陈酿,色泽透明清亮。金酒也有使用橡木桶陈酿的,这样的金酒呈金黄色,称为 Golden Gin。金酒的酒精度数一般在35°～55°。酒精度数越高,质量就越好。金酒味道独特,口味清香,是配制鸡尾酒的主要基酒之一。 朗姆酒(Rum)是以甘蔗制糖后剩余的糖蜜或者甘蔗汁为主原料,经发酵、蒸馏、在橡木桶中贮存后得到的酒,也称莱姆酒、糖酒。朗姆酒的特色在于风味醇和、口感烈,适合与可乐、果汁等各式非酒精饮料搭配饮用,是调制鸡尾酒的主要基酒之一。 特吉拉酒(Tequila)又称龙舌兰酒,以龙舌兰为原料酿制。人们将新鲜的龙舌兰割下后,浸泡 24 小时,榨出汁来,再对汁水加糖发酵两天至两天半,然后经过两段蒸馏,使酒精度数达到 52°～53°,此时酒液香气突出,口味凶烈,然后再放入橡木桶中陈酿,使色泽和口味都更加醇和,出厂时酒精度数一般为 40°～50°。特吉拉酒喝法通常包括纯饮、冰饮、作为鸡尾酒基酒等。	

训练项目	训练要求	备注
葡萄酒	葡萄酒是以葡萄为原料,经发酵方法制成的发酵酒(低度酒)。葡萄品质受到种植地区土壤、气候、品种等影响。影响葡萄酒质量的主要因素首先是原料(葡萄);其次是酿造工艺。通常按普通的制作工艺可将葡萄酒分为静止葡萄酒、葡萄汽酒、强化葡萄酒和加味葡萄酒4类。其中,静止葡萄酒包括人们熟知并经常饮用的红葡萄酒、玫瑰红葡萄酒和白葡萄酒;香槟酒属于葡萄汽酒的一种。按照惯例,在开瓶前应先阅读酒标,确认该酒的种类、年份等方面的信息,以及软木塞是否潮湿(若潮湿则证明该瓶酒采用了较为合理的保存方式)。斟酒时,先女宾后主人、先女士后男士、先长辈后幼者。请人斟酒时,应将酒杯置于桌面。如果不想再续酒,只须用手轻摇杯沿或掩杯即可。另外,我国在酒宴上经常有劝酒的习惯,而世界上不少国家却以此为忌,应酌情对待。	
鸡尾酒	鸡尾酒是指用两种或两种以上的酒和果汁、香料等混合而成的酒,多在饮用时临时调制,是一种量少而冰镇的酒。它通常以朗姆酒(Rum)、金酒(Gin)、特吉拉酒(Tequila)、伏特加酒(Vodka)和威士忌(Whiskey)等烈酒或葡萄酒作为基酒,再配以果汁、蛋清、苦精(Bitters)、牛奶、咖啡、可可、糖等其他辅料,最后加以搅拌或摇晃而成。此外,还可用柠檬片、水果或薄荷叶作为装饰物。	
酒杯礼仪	酒杯的使用有一项通则,即不论是喝红酒还是喝白酒,酒杯都必须使用透明的高脚杯。使用高脚杯的目的是让手有所把持,避免手直接接触杯肚而影响了酒的温度。喝白葡萄酒时用拇指、食指和中指并持杯颈,千万不要手握杯身,这样既可以充分欣赏酒的颜色,又不至于因手掌散发的热量而影响酒的最佳饮用温度。	酒的颜色和饮酒、闻酒一样是品酒的一部分,一向作为评断酒的品质的重要标准。有色玻璃杯的使用会影响对酒本身颜色的判定。
餐前酒	餐前酒大约在餐前30分钟饮用。餐前酒大多在客厅里饮用,主要是为了开胃,也是为了等待因故迟到的宾客,以免尴尬。喝餐前酒比较随意,可以坐着也可以走动。男士通常喝的餐前酒一般是马天尼(Martini),女士一般喝雪莉酒(Sherry),这是一种非常清淡的白葡萄酒。	
餐中酒	餐中酒是在用餐过程中饮用的,专门为主菜而配,有红酒和白酒之分。红酒配"红肉",如牛肉、羊肉、猪肉等;红酒不可以加冰饮用。白酒配"白肉",如海鲜、鱼肉、鸡肉等;白酒通常要冷藏后喝。	
餐后酒	一般的餐后酒是白兰地,用一种杯身矮胖而杯脚短小的酒杯喝。喝餐后酒可以用手心温杯,这样杯中酒就更容易散发出香醇的味道。也有人喜欢在白兰地中加少许的糖或咖啡,但不能加牛奶。	

2. 咖啡礼仪

训练项目	训练要求	备注
咖啡饮品的类型	意式浓缩咖啡使用专业的 Espresso 咖啡机制作,味道浓烈,一般装在意式咖啡杯里,分量很少,类似于中国的工夫茶。一杯好的 Espresso 表面有一层厚厚的奶油状的物质,叫作 Creamer,最好的呈棕褐色油膏状豹纹,属于咖啡精华中的精华。一杯好的工夫咖啡就像一杯好的基酒,可以调出任何花式咖啡,如卡布奇诺和拿铁咖啡都是用工夫咖啡调配出来的。单品咖啡是指用原产地出产的单一咖啡豆磨制而成,饮用时一般不加奶或糖的纯正咖啡。单品咖啡有强烈的特性,口感特别:或清新柔和,或香醇顺滑;成本较高,因此价格也比较贵。比如著名的蓝山咖啡、巴西咖啡、哥伦比亚咖啡……都是以咖啡豆的出产地命名的单品咖啡。摩卡咖啡和炭烧咖啡虽然也是单品咖啡,但是它们的命名就比较特别。摩卡是也门的一个港口,在这个港口出产的咖啡都叫摩卡,但这些咖啡可能来自不同的产地,因此每一批摩卡咖啡豆的味道都不尽相同。意式浓缩咖啡整体口感比较浓烈,适合那些追求强烈味觉感受的人。巴西咖啡、蓝山咖啡和哥伦比亚咖啡都是比较柔和的咖啡,其中蓝山咖啡香醇甘滑、带微酸;巴西咖啡微香微苦;哥伦比亚咖啡柔软甘醇,芳香十足。 花式咖啡是指加入了调味品以及其他饮品的咖啡。一般在 Espresso 浓缩咖啡的基础上制作,加了奶泡、糖浆、肉桂等调制而成。拿铁、卡布奇诺、摩卡等都是常见花式咖啡。 拿铁咖啡是花式咖啡的一种,是咖啡与牛奶交融之作,需要一小杯 Espresso 和一杯牛奶(150～200ml),拿铁咖啡中牛奶多而咖啡少。拿铁咖啡的做法极其简单,就是在刚刚做好的意式浓缩咖啡中倒入接近沸腾的牛奶。事实上,加入多少牛奶可依个人口味自由调配。如果在热牛奶上再加上一些打成泡沫的冷牛奶,就成了一杯美式拿铁咖啡。星巴克的美式拿铁咖啡就是用这种方法制成的,底部是意式浓缩咖啡,中间是加热到 65～75℃ 的牛奶,顶部是一层不超过 0.5 厘米的冷的泡沫牛奶。 卡布奇诺咖啡是一种加入同量的意式浓缩咖啡和蒸汽泡沫牛奶相混合的意大利咖啡。此时咖啡的颜色就像卡布奇诺教会的修士在深褐色的外衣上覆上一条头巾一样,咖啡因此得名。传统的卡布奇诺咖啡是 1/3 意式浓缩咖啡,1/3 蒸汽牛奶和 1/3 泡沫牛奶,并在上面撒上肉桂粉末。 摩卡咖啡是一种最古老的咖啡,它是由意式浓缩咖啡、巧克力酱、鲜奶油和牛奶混合而成的。摩卡咖啡得名于有名的摩卡港。和经典的意式拿铁咖啡一样,它通常是由 1/3 意式浓缩咖啡和 2/3 奶泡配成,不过它还会加入少量巧克力。	不同类型咖啡的制作过程和使用的工具与器皿不同。
咖啡饮用礼仪	右手拇指和食指捏住杯把,把杯子轻轻端起;给咖啡加糖时,先用糖夹子把方糖夹到咖啡碟的一侧,然后再用咖啡匙把糖加入杯中;喝咖啡前应仔细搅拌,待搅匀后饮用;喝咖啡时需把咖啡匙放在咖啡碟外边或左边,只须将杯子端起饮用即可,不要将下面的咖啡碟一并托起。需要注意的是,品饮咖啡不能用匙子舀,匙子是用来搅拌咖啡或加糖的。喝咖啡也可吃些点心,但不要一手端着咖啡杯,一手拿着点心,吃一口喝一口地交替进行。喝咖啡时应当放下点心,吃点心时则放下咖啡杯。	

【训练题目】

(1) 分组练习高脚杯的使用。

（2）示范喝咖啡时杯、匙的使用方法。

实训任务 7 西餐位次礼仪

【训练目标】

了解西餐用餐时的位次礼仪。

【训练准备】

分组、本实训指导书、场地、桌子。

【训练内容】

训练项目	训练要求	备 注
餐桌类型	（1）长桌。以长桌排位，一般有两个主要方法。①男、女主人在长桌中央对面而坐，餐桌两端可以坐人，也可以不坐人；②男、女主人分别就座于长桌两端。某些时候，如用餐者人数较多，还可以参照以上方法，以长桌拼成其他图案，以便安排大家一道用餐。 （2）圆桌。在西餐里，使用圆桌排位的情况并不多见。在隆重而正式的宴会里，则尤为罕见。其具体排列，基本上是各项规则的综合运用。 （3）方桌。以方桌排列位次时，就座于餐桌四面的人数应相等。在一般情况下，一桌共坐 8 人，每侧各坐两人的情况比较多见。在排位时，应使男、女主人与男、女主宾对面而坐，所有人均各自与自己的恋人或配偶坐成斜对角。	常见且正规的西餐桌是长桌。
女士优先	在西餐礼仪里，女士处处备受尊重。在排定用餐位次时，主位一般应请女主人就座，而男主人则须退居第二主位。	
恭敬主宾	在西餐礼仪里，主宾极受尊重。即使来宾之中有人在地位、身份、年纪方面高于主宾，主宾仍是主人关注的中心。在排定位次时，应请男、女主宾分别紧靠着女主人和男主人就座，以便进一步受到照顾。	
以右为尊	在排定位次时，以右为尊。就某一特定位置而言，其右侧之位理应高于其左侧之位。例如，应安排男主宾坐在女主人右侧，女主宾则坐在男主人右侧。	
距离定位	一般来说，西餐桌上位次，往往与其距离主位的远近密切相关。通常情况下，离主位近的座位位次高于离主位远的座位。	
面门为上	面门为上，有时又叫迎门为上。它是指面对餐厅正门的座位通常在位次上要高于背对餐厅正门的座位。	
交叉排列	正式一些的西餐宴会，一向被视为交际场合。所以在排列位次时，要遵守交叉排列的原则。依照这一原则，男、女应当交叉排列，生人与熟人也应当交叉排列。因此，一个用餐者的对面和两侧，往往是异性，而且还有可能与其不熟悉。这样做，据说最大的好处是可以广交朋友。不过，这也要求用餐者最好是双数，并且男、女人数各半。	

【训练题目】

服务员布置餐具完毕,有两对夫妇来西餐厅用餐,服务员带领他们入座,点餐、上菜。根据以上情景,进行模拟训练。

训练要求:餐具正确摆放,坐姿正确,注意点餐礼仪及上菜顺序,正确使用西餐餐具。

案例分析

案例:

老张的儿子留学归国,还带了位洋媳妇回来。为了讨好未来的公公,这位洋媳妇一回国就张罗着请老张一家到当地最好的四星级饭店吃西餐。

用餐开始了,老张为在洋媳妇面前显示出自己也很讲究,就用桌上一块"很精致的布"仔细地擦了自己的刀、叉。吃饭的时候,学着他们的样子使用刀叉,既费劲又辛苦,但他觉得自己挺得体的,总算没丢脸。用餐快结束了,平日吃饭时喝惯了汤的老张盛了几勺精致小盆里的"汤"放到自己碗里,然后喝下。洋媳妇先是一愣,紧跟着也盛着喝了,而他的儿子早已是满脸通红。

问题:

(1) 请分析老张的儿子为什么满脸通红。

分析:_____

_____

_____

(2) 请简述西餐中刀、叉、匙的使用方法。

分析:_____

_____

_____

_____

模块 3　宴 会 礼 仪

在社会交往活动中,宴请是最常见的一种交际活动。其中,宴会是较高层次的社会交往活动之一。宴请可以表示祝贺、感谢、欢迎、欢送等。通过宴请可以协调关系、联系感情、消除隔阂、增进友谊、促进合作。

实训任务 8　宴请形式

【训练目标】

（1）了解宴请的 3 种形式。

（2）掌握每种宴请形式需要注意的问题。

【训练准备】

分组、本实训指导书、场地。

【训练内容】

训练项目	训练要求	备　注
宴会	（1）正式宴会是一种有特定主题、规格较高的宴请形式。据西方的习惯,隆重的晚宴也就是正式宴会多安排在晚上 8 点以后举行,中国一般在晚上 6 点至 7 点开始。举行这种宴会,说明主人对宴会的主题很重视,或为了某项庆祝活动等。正式晚宴一般要排好座次,并在请柬上注明对着装的要求,其间有祝词或祝酒,有时安排席间音乐,由小型乐队现场演奏。 （2）便宴是一种非正式形式简便的宴请,可分为早餐会、午宴、晚宴。便宴气氛比较轻松、自然,多用来招待熟识的宾朋。在家里举行的便宴也称为家宴,服装、席位、餐具、布置等不必太讲究,但仍然有别于一般家庭就餐,目前也越来越多地用于官方宴请或公务往来活动。	
自助餐	自助餐有时也称冷餐会,它是目前国际上通行的一种非正式的西式宴会,在大型的商务活动中尤为多见。它的具体做法是,不预备正餐,而由就餐者自主地在用餐时选择食物、饮料,然后或立或坐,自由地与他人在一起或是独自一人用餐。自助餐可以是早餐、中餐、晚餐,有冷菜也有热菜,连同餐具放在菜桌上,供客人使用。	自助餐的注意事项: （1）排队取菜。 （2）循序取菜。 （3）量力而行。 （4）多次少取。 （5）避免外带。 （6）送回餐具。 （7）照顾他人。 （8）积极交际。
鸡尾酒会	鸡尾酒会也称酒会。通常以酒类、饮料为主招待客人。一般酒的品种较多,并配以各种果汁,向客人提供不同酒类配合调制的混合饮料(即鸡尾酒);还备有小吃,如三明治、面包、小鱼肠、炸春卷等。鸡尾酒会的形式活泼、简便,客人可以随意走动,便于人们交谈。举办的时间一般是下午 5 点到晚上 7 点。近年来,国际上各种大型活动前后往往都要举办鸡尾酒会。	

【训练题目】

课后收集鸡尾酒的调酒方式的小知识,课堂进行分享。

实训任务 9　宴请的准备

【训练目标】

了解宴请前需要准备的工作。

【训练准备】

分组、本实训指导书、场地。

【训练内容】

训练项目	训练要求	备　注
整体筹划	宴请的目的和规模通常是各不相同的,需要经过认真筹划,包括宴请的主题、对象、时间、场所、规模、费用等。	
拟定名单	首先,需要有一个邀请范围,即要邀请哪些方面的人士、什么级别、请多少人,主方请多少人作陪等。邀请的范围确定以后,接下来就是拟定邀请名单,注意名单上要写明被邀请者的姓名、性别、职务等,并适时按拟定名单提前向对方发出邀请通知。	
确定宴请时间和场所	宴请的时间应安排在主宾双方都较为合适的时候,注意在时间的确定上,要避免对方的重大节假日、已有重要活动的时间或禁忌日。选择宴请的地点时,要考虑到邀请的对象、活动性质、规模大小及形式等因素。	
发出邀请	(1) 邀请形式。邀请有两种形式,即口头邀请和书面邀请。 (2) 邀请的时间。各种宴会的邀请时间一般以提前3～7天为宜,过早,客人会因日期长久而遗忘;太迟会使客人措手不及,难以如期应邀出席。 (3) 发送请柬的注意事项。请柬上要写清宴请活动的目的、邀请范围、时间、地点,遇重大活动时要注明着装要求等;请柬的书写要注意行文格式,正文不用标点符号,文字措辞务必简洁、清晰、准确。	写名单时一定要核对一次,不得将客人名字写错;请柬发出后,要及时核实出席者情况,并做好记录,以便安排席位。
确定桌次	(1) 小型桌次排列: (2) 大型桌次排列:	

续表

训练项目	训练要求	备　注
确定位次	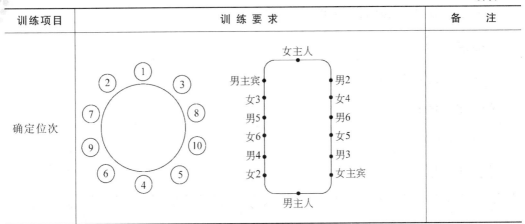	

【训练题目】

课后收集宴请前准备的资料,共同分享。

实训任务 10　宴请礼仪

【训练目标】

了解宴请的基本礼仪。

【训练准备】

分组、本实训指导书、场地。

【训练内容】

训练项目	训练要求	备　注
引客入座	作为主办者,在开宴前应该准备妥当,要衣冠整洁、精心打扮。当客人相继到来后,应面带微笑,站立于门前迎接客人。如果客人相互间有初次见面的,主人需要逐一介绍,使彼此有所了解,以增进宴会的友好气氛。然后按预先排好的座位,依次引客入座。	如果客人坐错座位,一般应"将错就错",或很巧妙地加以换座。
按时开席	客人落座后,应按时开席。不能因个别客人晚到而影响整个宴会的进行。如果主要客人或是主宾到开席时尚未到达,应尽快弄清原因,根据情况采取应急措施,应向其他客人表示歉意并进行相应的解释。一般来说,宴会延迟的时间不该超过 15 分钟,万不得已时,最多也不能超过 30 分钟。	

续表

训练项目	训练要求	备注
致辞祝酒	在宴席中,主人是第一个敬酒的人。敬酒是敬全席,而不应计较对方的身份。桌次多时,应按桌敬酒,不能顾此失彼,冷落一方。祝酒时,应由主人和主宾先碰杯,碰杯时应目视对方,以示敬意。人多时可同时举杯示意,但不一定碰杯,并忌交叉碰杯。当前流行的致辞祝酒礼仪是主人在第一道菜上来后,即举杯邀请所有客人同饮,并致以简短的祝酒词。	受传统"酒过三巡,菜过五味"说法的影响,一般由主人领 3 杯酒,然后由第二主人领酒或主人与各位客人及客人与客人之间相互敬酒。
活跃气氛	当前,不少餐厅设有卡拉 OK 设备或 KTV 包间。为了活跃气氛,以祝酒兴,可根据客人的兴趣和宴会的性质安排专人献歌,或由主人先唱,然后邀请客人献歌。选唱的曲目,应该与宴会的性质和内容相吻合。唱歌时应轮流献歌,不要一人唱得太多,同时音量不宜过响,以免过于喧闹,影响宾客兴致。	
介绍菜肴	在餐厅举办宴会时,每当上菜时服务员一般都应主动报一下菜名。此时,主人应主动举筷邀请大家共同品尝。对于一些特色菜,则应介绍这道菜在色、香、味方面的特色,并请客人品尝鉴定。如是一些汤菜或需分食的菜,主人可站起来为客人分菜,或请服务员代为服务。分菜时必须注意要分得均匀,以免有厚此薄彼之嫌。	
亲切交谈	在宴会的进行过程中,主客双方应就彼此都感兴趣的话题亲切交谈。交谈的范围不妨广一些,主要应从增进友谊、加深了解方面来考虑。谈话不要涉及彼此避讳的话题。同时,对于有一定目的的宴会,也应该"只叙友情,不谈工作",切不可把餐桌当作办公室,以免陷入僵局,使双方都不愉快。	
宣布结束	当宴会进行到适当阶段后,主人应把握时机,宣布宴会到此结束。当然在宴会结束之前,应征求多数客人特别是主宾的意见。宴会结束最恰当的时机,是在宴会达到最高潮时戛然而止。从时间上讲,应该掌握在 1.5 小时左右,最多也不要超过 2 小时。	
热情送客	当宴会宣布结束后,主人应站在门口准备送客。送客时,要依依不舍地与客人亲切话别,并感谢众宾客的光临。如有礼物互赠时,应认真处理,当众赠送的礼物,应统一规格,以免产生误会。	

【训练题目】

以组为单位模拟宴请场景,教师点评。

案例分析

案例:

　　刚刚大学毕业的李俊来到一家外资企业工作不久,恰巧赶上年底的企业年会,年会在市内一家知名的五星级酒店的宴会厅举行。涉世之初的李俊特别高兴,心想终于可以开开眼界了。宴会是在傍晚 5 点半开始,因是下班高峰期,李俊所乘坐的公共汽车寸步难行,到达酒店时已是 6 点,他满头大汗地推开宴会厅的门,找了一个空位坐下,此时总裁正在致辞。李俊环视了一下会场,男同事们身着笔挺的西装,女同事们身着晚礼服,宛如一个选美大赛,而他自己只穿了件普通的 T 恤和一条牛仔裤,宴会还没有正式开始,李俊就匆匆地离开了酒店。

问题:

(1)分析李俊为什么匆匆离开酒店。

分析:_____

_____

_____

(2)结合所学知识谈谈参加宴会应注意些什么。

分析:_____

_____

_____

考　核　表

考核内容	考核标准	分值	考核成绩
出勤情况	按时出席，不迟到、不早退	10	
课堂表现	听课认真、反馈积极	10	
训练题目	准备充分、操作正确	20	
	合作默契、善于分享	20	
	能根据题目要求规范填写	10	
案例分析	能结合所学知识与相关资料进行分析，分析有理有据，语言表述清晰	30	
总　　分			

学生自评	

组内互评	

教师评语	

第6章 职场礼仪训练

实 训 安 排

模 块 设 计	实训任务设计	学时安排
模块1 求职面试礼仪	实训任务1 求职准备礼仪	1学时
	实训任务2 面试过程礼仪	
	实训任务3 面试结束礼仪	
模块2 办公室礼仪	实训任务4 办公场所行为礼仪	1学时
	实训任务5 办公场所环境礼仪	
	实训任务6 非办公场所的礼仪	
	实训任务7 员工交往礼仪	
	实训任务8 电话礼仪	
总学时	2学时	

模块1 求职面试礼仪

在越来越激烈的社会竞争中,求职面试已成为大学生必须面对的重要活动。"机会总会垂青于有准备的人",大学生应做好充分的求职准备工作。面试是一次重要的人际交往,面试官往往通过求职者的求职资料、言谈举止、仪容仪表等方面了解其内在素养。

实训任务1 求职准备礼仪

【训练目标】

(1)了解求职准备工作的基本内容。

(2)熟悉求职资料准备的注意事项。

【训练准备】

分组、本实训指导书、场地、正装、化妆工具、简历等。

【训练内容】

训练项目	训练要求	备注
自我定位	（1）了解兴趣爱好。兴趣是职业选择的重要参考因素。选择感兴趣的工作，将有助于提高工作的自觉性和积极性。 （2）把握性格特点。性格是一个人对现实的稳定的态度，选择与自己的性格相匹配的职业是形成职业满意度和成就感的基础。 （3）清楚职业能力。大学生在求职时，应该熟悉自己的知识结构和专业特长，结合自己的能力扬长避短，才容易从竞争中胜出。	
掌握信息	求职前应及时获取招聘信息，大学生可以通过校园定向招聘、媒体广告招聘、网络招聘、现场招聘会、员工推荐等途径获取相关用人单位的最新招聘信息。	
确定目标	求职前应全面了解求职单位情况，要熟悉该单位的单位性质、经济效益、企业文化、组织结构、工资待遇、工作的性质和内容等。同时，还需要了解此次求职面试的要求及规则、面试官的基本情况以及竞争对手的相关情况等。	
心理准备	（1）树立自信、真诚、积极的求职观念，坚信"天生我材必有用"，诚实地面对求职面试。即使求职失败，也是一次有益的尝试。 （2）努力克服紧张焦虑的情绪，从容淡定地参加面试。	
资料准备	（1）求职信。书写规范、态度诚恳、实事求是、突出特点。 （2）个人简历。基本情况、学习情况、实践情况、专长爱好、其他。 （3）相关证明材料。文凭、身份证、各种证书、照片等。 （4）推荐信。	（1）简历要"简"。 （2）重点突出。 （3）真实准确。 （4）用词得当。
形象准备	（1）妆容应简洁、大方、亲切、自然。女性可以化淡妆，男士和女士在修饰仪容时都要整洁和适度。 （2）服装一般穿正装。着装符合大众审美，女士穿着切忌过分摩登。应聘的着装要与应聘岗位相协调。	

【训练题目】

（1）为自己设计一份精美的个人简历。

（2）结合所学专业的职业特点，为自己设计一个符合面试礼仪的个人形象。

___

实训任务 2　面试过程礼仪

面试是用人单位招聘时一种重要的考核方式，面试表现关系到求职的成功率。因此，掌握正确的面试礼仪是大学生必备素养之一。

【训练目标】

（1）掌握面试过程中的各种礼仪规范。

（2）理解面试交谈过程中的注意事项。

【训练准备】

分组、本实训指导书、场地、西服、化妆工具、公文包、简历等。

【训练内容】

训练项目	训练要求	备注
遵守时间	守时是职业道德的基本要求。面试者应该提前熟悉交通路线，准备面试必备用品(面试必备用品包括公文包、笔记本、文凭、身份证、各种证件、照片、笔、多份打印好的简历等，并有次序地放置妥当)，身穿正装，提前 10～15 分钟赶到面试地点。到达面试地点时要调整自己的心态，简单整理一下服饰仪表。 如果面试官迟到，不要流露出不满的情绪，要宽容大度，更应该警惕是面试官有意考查面试者。	
耐心等候	（1）走进面试单位前，需要把口香糖和香烟收起来。 （2）关掉手机等通信设备，避免面试时出现尴尬的场面。 （3）进入单位，应向前台说明来意，绝不可贸然闯入。 （4）对其他工作人员以礼相待，主动打招呼或行点头礼。 （5）一般来讲，面试者需要先填写相关表格，认真填写。 （6）等候期间保持安静，时刻注意自己的仪态。 （7）不要随意搭讪，更不要来回走动。 （8）需要询问的时候用语要文明。 （9）温习随身携带相关材料，缓解紧张的心理。	
举止得体	（1）如果没有接到通知，应在门外耐心等待，不要擅自走进房间。 （2）等面试官叫到你的名字时，大声回答"是"。不论门是开着、关着、半开着，你都应该敲门。敲门时以指节轻叩 3 声，力度以面试官能听到为宜。等到回复后再开门进去，开门一定要轻。进去后面向里边轻轻将门带上。 （3）上半身前倾30°左右向面试官鞠躬行礼，面带微笑称呼一声"您好"，大方得体，不要过分殷勤、拘谨或过分谦让。 （4）在对方没请你入座之前，不要贸然就座。若对方一直没请你入座，而那个位置偏偏有个座位，你可以适时提出"我是否可以坐在这儿呢"的要求，得到对方允许后要说声"谢谢"。坐下后要保持良好的坐姿。	
言谈有度	（1）自我介绍要恰到好处。一般要求简短，不超过 1 分钟；态度真诚，突出优点和特长，展示个性；避免使用简称、方言、土语和口头语。 （2）专注聆听面试官的提问。面试者可以通过直视对方的双眼，点头表示专注倾听；思考问题时可以看着对方身后的墙，不要看天花板或窗户外边。 （3）回答问题要从容镇定，有问必答。碰到一时答不出的问题可以用两句话缓冲一下："这个问题我过去没怎么思考过。从刚才的情况看，我认为……"要是还找不出答案，就先说你所能知道的，然后承认有的东西还没有经过认真考虑。面试官在意的并不一定只是问题的本身，如果你能从容地谈出自己的想法，虽然欠完整，很不成熟，也不至于影响大局。	

续表

训练项目	训 练 要 求	备 注
礼貌结束	察言观色,掌握面试收尾时间的"火候"。面试官示意面试结束时,应微笑、起立、握手道别;走出面试房间后,在走廊及其他公共区域内,仍要保持安静、礼貌。	
注意事项	(1) 不要坐立不安、举止失当。 (2) 不要提问幼稚、矫揉造作。 (3) 不要文不对题、话不及义。 (4) 不要信口开河、夸夸其谈。	

【训练题目】

假如你是一位应届毕业生,请根据自身专业特点,设计一份简短的自我介绍。分组演练,小组成员分别扮演面试者和面试官,模拟训练后总结得失。

_____

_____

_____

_____

实训任务 3 面试结束礼仪

大学生往往注重面试过程礼仪,而忽略面试后的善后工作。实际上,面试结束并不是求职过程的终止。求职者应该熟悉面试结束礼仪,以便做好充分的准备工作。

【训练目标】

(1) 了解面试结束后的各种礼仪规范。
(2) 理解获知求职结果后的注意事项。

【训练准备】

分组、本实训指导书、场地、电话、纸张、笔、邮件等。

【训练内容】

训练项目	训 练 要 求	备 注
联系面试官真诚感谢	为了加深面试官对你的印象,增加求职成功的可能性,面试结束后,最好给面试官打个电话或写封信表示感谢。因此,要记住面试官的名字和职位。 (1) 电话致谢。在面试后的 3 天内,给面试官打电话表示感谢。打电话要选择工作时间,时间要简短,最好不要超过 3 分钟。电话里不要询问面试结果。 (2) 写信致谢。信件包括电子邮件和书面感谢信。感谢信开头应说明你的姓名与简单情况,以及面试时间,并对面试官表示感谢。中间部分要重申你对该公司、该岗位的兴趣等。结尾可以表示自己迫切的心情,以及为公司的发展做贡献的决心。	

续表

训练项目	训练要求	备注
查询结果 耐心细致	（1）选择合适的时间询问结果,避免在休息时间查询。 （2）接通电话时,自报家门,以便于及时查找。 （3）打电话宁短勿长,认真倾听,重要内容边听边记。 （4）如果没有录用,仍可请教未被录用的原因,吸取教训。	
求职结果 坦然接受	如果求职成功,面试者应尽快完成角色转换,建立良好的人际关系,保持一颗上进心,全面了解用人单位,顺利度过试用期。 如果求职失败,要及时总结教训,要避免着装不和身份、面试不够诚实、交谈缺乏信心等大学生常见的问题,走出误区。	

【训练题目】

（1）一位应届毕业生询问:"在面试结束之后,我正焦急地等待招聘单位的回音,这期间,我能做些什么?"请你给他一些建议。

（2）高校毕业生小徐参加完面试,第二天,小徐准备向面试官王经理表示谢意。全班分组扮演不同的角色,模拟小徐向王经理致谢的情景。每位同学替小徐写一封感谢信。

（3）全班分为若干小组、每组 4～7 人,分别扮演不同的角色,模拟面试场景,将求职准备、面试过程和面试结束的内容浓缩到一起。通过仔细揣摩模拟场景来熟练掌握求职就业的基本礼仪规范。

_____

_____

_____

_____

_____

模块 2 办公室礼仪

办公室是处理公司业务的场所,属于公共场所。办公室礼仪是每个人为人处世、礼貌待人的最直接表现,更体现了其对同事的尊重和对公司文化的认同。办公室礼仪影响着一个人的职业前程和事业发展。

实训任务 4 办公场所行为礼仪

【训练目标】

（1）理解办公室礼仪的重要性。

（2）掌握办公室言谈应注意的礼仪细节。

【训练准备】

分组、本实训指导书、场地、办公桌。

【训练内容】

训练项目	训练要求	备　　注
仪表端庄	保持个人卫生和整洁,女士应化淡妆。服装穿戴简洁、庄重,不要穿无领无袖的衣服,女士不要穿过于紧身或暴露的服饰,不要穿拖鞋。	
举止庄重	保持良好的站姿和坐姿,不要随便倚靠办公桌,更不能坐在办公桌上。 避免在办公室用餐,尤其注意不要吃有强烈味道的食物,不要吃瓜子等会发出声响的食物。 遵守办公室的公共道德和行为准则。	
言谈文明	(1) 不要使用亲昵的称呼。 (2) 不要谈论薪水问题。 (3) 不要谈论私人生活问题。 (4) 不要谈论公司的任何机密。 (5) 不要谈论涉及家庭财产之类的话题。	
杜绝不良习惯	(1) 上班迟到。 (2) 穿着暴露。 (3) 错误"隐身"。 (4) 办公室闲聊。	
离职	(1) 离职报告不可缺。 (2) 站好最后一班岗。 (3) 做好工作的交接。 (4) 控制自己的情绪。 (5) 不带走任何不属于自己的物品。 (6) 与原同事保持联系。	

【训练题目】

假如你是外企职员,如果有办公室员工主动搭讪问你工资,你会怎样对待?

_____

_____

_____

实训任务 5　办公场所环境礼仪

【训练目标】

(1) 了解维护良好办公室环境的方法。

(2) 掌握办公计算机、复印设备的使用礼仪。

【训练准备】

分组、本实训指导书、场地、办公桌、计算机、复印设备。

【训练内容】

训练项目	训练要求	备注
保持个人办公环境整洁	（1）保持个人办公环境的整洁美观,办公桌面干净卫生,不放置多余的东西,办公室的装饰也要符合自己和公司的特色。 （2）办公桌桌面上的物品摆放可参考此标准：台历或水杯、电话等摆放在中上侧;文件筐(盒)、等待处理的管理资料摆放在右侧;需马上处理的业务资料摆放在中下侧;而有关业务资料则最好放置在桌面左侧。	
维持良好的办公环境	（1）保持工作环境的清洁。地面、墙壁、走廊应经常打扫,废纸废物应及时丢到纸篓中。 （2）物品摆放要分门别类。根据习惯的分类方式摆放物品,以提高工作效率。 （3）注意办公文件的存放。机密文件应装在特殊的文件夹里,并贴上红色标志等警示标签。其他文件也要妥善保管,如果临时离开办公桌,应当将文件覆盖起来,不要暴露在桌面上。	
办公计算机使用	（1）公司的计算机要倍加爱护,注意使用卫生。 （2）计算机不用时应正常关机,不要丢下就走。 （3）外接移动存储设备时要记得退出,避免出现数据丢失等情况。 （4）在公司里上网,应查找与工作相关的内容和资料,而不能自己凭兴趣随意查看浏览;避免违反公司章程。 （5）不要在公司计算机上打游戏、聊天。	
复印设备使用	（1）在公司使用复印设备,一般应遵循先来后到的原则。 （2）在公司里不宜复印私人资料。 （3）使用完毕,不要忘记将原件拿走;否则容易丢失或泄露信息,也会给自己带来不便。 （4）使用完毕,要将复印机设定在节能待机状态。	

【训练题目】

以组为单位,设计和整理办公桌。

实训任务 6　非办公场所的礼仪

【训练目标】

（1）了解非办公场所礼仪的重要性。

（2）掌握电梯间、上下楼梯礼仪。

（3）掌握洗手间礼仪。

【训练准备】

分组、本实训指导书、场地、办公桌、地点(电梯、楼梯区域)。

【训练内容】

训练项目	训练要求	备　注
电梯间	上电梯时,如果等候的人中有客人或有残疾人,应让他们先上,不要抢着上。伴随客人或领导来到电梯门前时,先按电梯按钮;等电梯门打开时,可先行进入电梯,一只手按住开门按钮,另一只手按住电梯侧门,再请客人或领导进入;进入电梯后,按下客人或领导要去的楼层按钮。 另外,上电梯后,应该为你后面的人按住开门按钮或扶着门。如果有人为你扶门,要说声"谢谢"。如果你后下,则站在靠后一点的地方比较合适,先上的人可靠边站在电梯门的两侧,最后上的人站在中间。 下电梯时,带有客人时,到达目的楼层后,应一只手按住开门按钮,另一只手做出请出的动作,可以说:"到了,您先请",客人走出电梯后,自己快步出电梯,并热诚地为其引导行走方向。	
楼梯	走楼梯时,主人应走在前面,以便到达目的地后引导客人。 在拥挤的楼梯上,要跟随着人流走,不论上楼还是下楼,一般都应靠右侧走。 走楼梯时不便交谈,最好等到达目的地后再谈,这样可以避免他人因不便交谈而感到尴尬。	
洗手间	在洗手间遇到同事要主动与对方打招呼,千万不要装作没看见把头低下,给人不爱理人的印象。 要保持洗手间清洁。马桶或小便池用后要冲水,要将马桶垫圈放下来,并保持垫圈表面清洁,用后把干净的卫生纸放回原处;用过的卫生纸扔入垃圾桶里。从洗手间出来不要忘了洗手。 在洗手间还要注意言谈礼仪。洗手间是公共空间,在洗手间里不要议论公事或议论别人,防止"隔墙有耳",若被当事人或有关人员听到就会增添麻烦,严重者还有泄密问题。	

【训练题目】

（1）以组为单位,进行进出电梯训练和上下楼梯训练。教师可现场指导。

（2）情景模拟：洗手间里,两个同事正在谈论某同事的"八卦",正巧被谈论的同事从厕所里面出来,现场的气氛相当尴尬。

实训任务 7　员工交往礼仪

【训练目标】

（1）了解办公室员工交往礼仪的重要性。

（2）掌握与领导、同事、下属交往的基本礼仪。

【训练准备】

分组、本实训指导书、场地、办公室。

【训练内容】

训练项目	训练要求	备 注
与领导的关系	(1) 服从上级安排,不超越职权。 (2) 尊重领导,不乱传领导的缺点和隐私。 (3) 维护领导尊严。领导理亏时,要学会给台阶下;领导批评有误,可以事后告知;对上司的疏忽或不妥之处,不要当众指责或争辩;提建议时要讲究方法,考虑场合;维护领导核心形象。	基本观念:无论职务高低,人格上大家都是平等的。下级要尊重上级,但也要做到不卑不亢。
与同事的关系	(1) 互相尊重。公务交往时,"您""请""劳驾""多谢"等礼貌用语要话不离口。不要轻易与长者、前辈和不太熟的同事开玩笑。切忌污言秽语,更不要讲低级庸俗的笑话(尤其是有女同事在场时)。话语中要避免涉及同事的隐私或短处。 (2) 密切合作。请求同事帮助时要委婉地提出,不能强求;对方请求帮助时,要尽最大努力予以相助。对年长的同事要多学、多问,对年轻的新人要多帮助、多鼓励。 (3) 理性沟通。工作中难免产生分歧,甚至由此引发矛盾。遇到这种情况,要对事不对人,以工作为重,非原则性问题不要争辩是非。此外,要建立相互信赖的双向沟通。 (4) 关心理解。同事生病应表达同情和问候等,有人情味。	
与下属的关系	(1) 尊重下属的人格。 (2) 善于听取下属的意见和建议。 (3) 办事公正,以身作则。 (4) 尊崇有才干的下属。	

【训练题目】

(1) 结合自身性格特点,谈谈初入职场,你将如何处理人际关系。

(2) 遇到棘手的工作问题是否可以越级汇报?以组为单位,模拟上下级进行交谈,注意上下级礼仪。

实训任务 8 电话礼仪

电话是人们社会生活中的信息传递工具之一,也是人们使用频繁的通信工具,是同外界传递信息、维持联络进而开展工作的一种常用手段。利用电话进行工作沟通时,除视觉形象外,电话传递了其他一切关于你的信息,包括声音、语言、态度、笑容、职业精神等,掌握电话礼仪十分必要。

【训练目标】

(1) 掌握基本电话礼仪。

（2）能根据情景灵活运用电话礼仪。

【训练准备】

分组、本实训指导书、场地、电话。

【训练内容】

训练项目	训练要求	备　注
打电话	（1）择时通话。严格地讲，晚上 10 点之后，早上 7 点之前，没有什么特别的急事不要打电话。万一有急事打电话，要先说一句"抱歉，事关紧急，打扰您了！"否则对方很可能会厌烦；用餐时间不打电话；国际长途应考虑时差问题。 （2）简短通话。遵守电话礼仪中的"3 分钟原则"，即每次通话时间应该有效控制在 3 分钟内。当然，这里的"3 分钟"是指要长话短说，要有时间观念。 （3）通话内容精练有序。首先，要知道通话对方有几个电话号码，第一个打不通就拨打第二个，接通后要先作自我介绍；其次，要列出通话的事项，先讲重要的事情，后讲次要的事情。	通话前可以事先把交谈的内容写在便笺上，预备一个条理清晰的提纲。
接电话	（1）铃响不过 3 声。要及时接听电话，尤其是对有约在先的电话。应该在电话铃声响两三声后再接，如果铃声刚一响就接，很可能电话会掉线。倘若电话铃声响到 6 声以上才接，接电话的人应该首先向对方致歉："抱歉！让您久等了。" （2）要安排合理而有序的表达。要尽量亲自接听电话，尤其是有约在先的电话，不要随便让别人代接电话。如果代接电话，应该首先告诉对方本人不在，然后才能问对方的身份，来电为何事，是否需要转达等。接听电话也要首先"自报家门"，自我介绍身份，其好处就是万一对方拨错了，不至于一错再错。 （3）正确处理打错的电话。如果接到对方拨错的电话，首先仍然要向对方问好，说明电话拨错了；其次，要将本单位的电话号码重复一下，让对方验证。	话筒要轻拿轻放，不宜用力摔挂。通话时应避免过分夸张的肢体动作，以防带来嘈杂声。
挂电话	结束通话后要礼貌地挂机。 （1）要了解怎样暗示对方终止通话。标准做法就是重复要点。 （2）要熟知挂机的顺序。通话完毕应该由地位高者先挂断电话，由上级先挂，客人先挂。如遇特殊情况，即通话双方地位一样，性别相同，年龄相仿，此时一般就是谁拨打谁先挂断。 （3）电话中断要及时把电话打回去，这是对他人的尊重。如果要同对方另约其他时间通话，应该说好自己将按时主动拨打对方的电话。	
使用电话的注意事项	（1）安全使用。从保密的要求来讲，移动电话是不适合传递重要信息的。此外，要注意遵守安全规范，比如开车的时候不打手机，乘坐飞机时手机要关机，在加油站附近和病房内不使用手机等。 （2）文明使用。在公众场合要养成手机改成振动或者静音，甚至关机的习惯。另外，手机有一些特殊的附带功能，比如，发定位、拍照等。在使用这些功能时要先征得对方同意。发手机短信应该发有效、有益的信息。	

【训练题目】

（1）消费者王女士使用了某品牌的冰箱不久，发现冰箱制冷功能不正常了。因为冰箱还在保修期，于是打电话给某品牌冰箱的维修部。根据以上情景模拟维修部的值班人员与王女士进行电话沟通，灵活运用电话礼仪。

（2）盛业集团招聘业务员，请以求职者的身份，打电话咨询有关情况，并定下面试时间和地点。结合情景，分组进行角色扮演，模拟训练如何拨打和接听电话。

考 核 表

考核内容	考 核 标 准	分值	考核成绩
出勤情况	按时出席,不迟到、不早退	10	
课堂表现	听课认真、反馈积极	10	
训练题目	准备充分、操作正确	32	
	合作默契、善于分享	32	
	能根据题目要求规范填写	16	
总　　分			

学生自评	
组内互评	
教师评语	

第7章　涉外礼仪训练

实 训 安 排

模 块 设 计	实训任务设计	学时安排
模块1　涉外礼仪	实训任务 1　涉外交往礼仪	1学时
	实训任务 2　外事接待礼仪	
模块2　外国礼俗及禁忌	实训任务 3　亚洲主要国家和地区的礼俗及禁忌	1学时
	实训任务 4　欧洲主要国家和地区的礼俗及禁忌	
	实训任务 5　美洲主要国家和地区的礼俗及禁忌	
	实训任务 6　大洋洲主要国家和地区的礼俗及禁忌	
	实训任务 7　非洲主要国家和地区的礼俗及禁忌	
总学时	2 学时	

模 块 1　涉 外 礼 仪

涉外礼仪,是中国人在对外交往中,用以维护自身形象、对外交对象表示尊敬与友好的约定俗成的习惯做法。

实训任务 1　涉外交往礼仪

涉外交往礼仪,既是对国际交往惯例的高度概括,也是在国际交往中应遵守的基本准则。在与外国人的交往过程中,了解和掌握涉外交往的基本原则,将有助于我们更好地进行国际沟通。

【训练目标】

(1) 了解涉外交往的基本原则。
(2) 了解涉外交往中守约的方式。

【训练准备】

分组、本实训指导书、场地。

【训练内容】

训练项目	训练要求	备注
维护形象	(1) 国家形象。维护国家形象,在任何时间、任何地点、任何情况下,都是最重要、最基本的要求。主要体现在热爱祖国、热爱人民、拥护政府。 (2) 个人形象。在涉外场合,必要注意修饰仪表,检点举止,使自己仪表堂堂,落落大方,无愧于炎黄子孙的称号。	
不卑不亢	在国际交往中,人与人、国与国之间是平等的关系。要意识到自己代表着自己的国家、自己的民族、自己的单位。要做到从容得体、堂堂正正。不应该畏惧自卑,低三下四;也不要自大狂妄,放肆嚣张。	
求同存异	求同是指遵守国际交往中通行的惯例,取得共识、便于沟通;存异是指尊重交往对象所在国的礼仪与习俗的差异,最重要的是了解交往对象的禁忌,不要评判其是非、鉴定其优劣。当自己身为东道主时,应以我为主,兼顾他方,遵守惯例。	
入乡随俗	"入乡随俗"是指尊重对交往国的习俗,主动了解并遵从习俗,不可少见多怪、妄加非议。当自己身为东道主时,通常讲究"主随客便";当自己充当客人时,则又讲究"客随主便"。	
热情有度	(1) 关心有度主要体现在不妨碍对方的个人自由,要知道"应该关心什么"和"不应该关心什么",不要使对方勉为其难。 (2) 批评有度是指批评对方一定要讲究内容、方式和场合。 (3) 交往有度是指不妨碍对方的工作、生活、休息。	距离有度 举止有度
实事求是 不必过谦	在交往活动中涉及自我评价时,务必客观公正、实事求是,绝不能无条件地进行自我否定。 (1) 自我肯定。充满自信,具有真才实干,做事光明磊落。 (2) 展示实力。从自身形貌、服饰品位、文化素养、生活情趣、社会地位等方面尽可能展示自己的实力。 (3) 突出业绩。一方面讲究突出重点,扬长避短;另一方面讲究"以例服人",可以从学习、工作、生活方面举例说明。 (4) 表达敬意。要敢于和善于对交往对象表达自己的敬意。	
尊重隐私	(1) 不问收入/支出。 (2) 不问年龄大小。 (3) 不问恋爱婚姻。 (4) 不问身体健康。 (5) 不问家庭住址。 (6) 不问个人经历。 (7) 不问信仰政见。 (8) 不问所忙何事。	
遵时守约	(1) 信守承诺。在涉外交往中,人们十分重视交往对象的信誉,讲究"言必信,行必果",对交往对象所做出的正式承诺必须量力而行,因此,切勿信口开河、草率许诺。 (2) 遵守时间。①有约在先:双方提前约定交往的具体时间,尽量具体详细。②如约而行:交往过程中一定要正点抵达现场。承诺给予对方答复的时间,言出必行。万一遇到特殊情况需要更改时间或取消约定,应尽快向交往对象进行通报,切勿让对方空等。③适可而止:交往时间不宜过长,不可无节制地拖延时间。	

续表

训练项目	训练要求	备注
尊卑有序	在涉外交往中,依照国际惯例,多人并排排列时,最基本的规则"以右为尊"。在并排站立、行走或者就座时,为了表示礼貌,主人理应当主动居左,请客人居右;男士应当主动居左,请女士居右;晚辈应当主动居左,请长辈居右;未婚者应当主动居左,已婚者居右;职位、身份较低者应当主动居左,请职位、身份较高者居右。	
女士优先	(1) 尊重女士。与女士交谈时,一律要使用尊称。涉及具体内容时,不应令在场的女士难堪。排定礼仪序列时,应将女士列在男士之前。 (2) 照顾女士。在一切社交活动中,男士均应细心地照顾女士:就座时,应请女士首先就座;外出时,应帮女士携带重物;用餐时,应优先考虑女士口味;出入房间时,男士要为女士开门、关门。 (3) 体谅女士。外出时,男士主动充当向导;并排就座时,一般不安排女士在两位男之间就座;狭路相逢时,男士应当主动礼让;出席活动时,主动为同行女士寻找座位。 (4) 保护女士。在一切艰难、危险的条件下,男士均应竭尽其全力保护女士;在女士面前,男士任何时候都不要吸烟;通过危险路段时,男士应走在前列;在马路上行走时,男士应行走于外侧。任何危险之事,男士均应主动承担。 "女士优先"原则主要适用于国际社交场合,在公务场合则不强调。	

【训练题目】

假设你有一名外国朋友,设计情景,两人一组进行角色扮演,模拟训练如何与外国友人进行交谈。

实训任务2　外事接待礼仪

随着对外开放政策的深入贯彻,外事接待工作显得日益重要,掌握必要的外事接待礼仪,努力为对外开放和经济建设创造更好的投资环境贡献力量。

【训练目标】

(1) 了解外事接待礼仪的内容。
(2) 了解外事接待中会见的注意事项。

【训练准备】

分组、本实训指导书、场地。

【训练内容】

训练项目	训 练 要 求	备 注
迎送	迎接时,须在飞机或火车抵达之前迎候。外宾出机场或车站时,应按照身份高低站成一列,经礼宾工作人员介绍,主动与外宾握手问候,表示欢迎。 为外宾送行时,应在外宾登机或上车之前到达机场或车站,按照身份高低排成一列与外宾握手告别,并表示良好祝愿。在机场送行时,一般说"祝您一路平安"(不要说一路顺风)、"欢迎再来"等祝愿话;在车站(站台)送行时,要等到火车开动后挥手告别,直至火车驶远时方可离去。	
陪同	陪同作为一种礼遇,一要基于"对等原则",视外宾的职务、身份而定陪同人员;二要基于"谁迎送谁陪同原则",确定专人陪同外宾的全程活动,不应频繁调换陪同人员。	
会见	会见是指有身份、有地位的人或上级领导出面给来宾的礼遇。安排会见,要特别注意以下 3 点事项。 (1) 要按照来访外宾的身份、地位和内容确定由什么样的人出面会见,一定不要过多、过滥;不可"小题大做",也不应"降格以求"。 (2) 要事先确定好会见的时间、地点和参加人员。 　　在时间方面,一定要比外宾先到,安排好事先的有关事宜。当客人到达时,参加会见的人员要按身份或职务站立一排,一一同客人握手致意,表示欢迎。 　　在地点方面,要讲究环境和气氛。会见场所要宽敞、明亮、整洁而有特色,桌子(或茶几)上应摆放鲜花,甚至可摆放国旗(对官方人员)。 　　在参加人员方面,要遵循对等原则。这里的对等是指人员的身份、职务、专业上的对等,也指外方与我方人数上的对等。外宾 6 人以下的,我方参加人员对等;6 人以上的,我方参加人员可少于对方。 　　会见时,可以上茶水、饮料或水果。 (3) 赠送纪念品。会见时,对外国人特别是日本、韩国等可赠送礼品或纪念品以表示对会见人的答谢,我方也要做好事先准备,否则将处于被动。赠送或回赠礼品时,要在会见完毕,客人即将离开时,由主要会见人即身份或职务最高的人来赠送。 此外,会见结束后,宾主应合影留念。	
工作会谈	工作会谈或业务洽谈,应掌握以下两点。 (1) 必须事先准备好"会谈提纲"或"洽谈要点"。会谈时要提纲挈领,言简意赅;工作会谈时间一般不超过 1 小时,业务洽谈时间一般掌握在 1.5 小时。如果没谈完,可临时休会。切忌没完没了,废话连篇,使人感到厌烦。 (2) 会谈时要以主谈人为主,绝不可不分主次,随便插话,七嘴八舌,海阔天空。如果问到某人时,可以谈论。	
参观考察	安排好外宾来访时的参观考察是涉外工作中常见的一种礼仪。最重要的是,要根据外宾的情况(如代表团的性质、来访内容、人员层次等)选择好参观的项目或内容(外宾确实感兴趣),安排好参观的路线和时间。 在选择参观项目时,应该考虑以下 4 点。 (1) 能与代表团业务或来访内容相一致、相配合。 (2) 安排能体现本地经济(产业)实力或特色、有典型意义的企事业单位,如参观考察经济技术开发区等。 (3) 根据来访者的职业、兴趣、爱好与愿望,安排相应的参观单位,如教育工作者应安排参观学校,科学家可安排参观科研单位等。 (4) 对某些女性外宾,可安排到社会福利、文化艺术、妇幼保健等单位参观。	

【训练题目】

某单位经有关部门牵线,与某外商达成初步意向,欲共同投资、合作经营,于是邀请外商来沈阳考察并具体洽谈。领导将任务交给办公室全权负责。根据以上情景模拟办公室员工进行外事接待,灵活运用外事接待礼仪。

模块 2　外国礼俗及禁忌

实训任务 3　亚洲主要国家和地区的礼俗及禁忌

【训练目标】

(1) 了解亚洲主要国家和地区的礼仪风俗与禁忌。

(2) 了解与日本人、韩国人、新加坡人、泰国人交往时需要注意的礼仪。

【训练准备】

分组、本实训指导书、场地。

【训练内容】

训练项目	训练要求	备注
日本	日常交往中,日本人通常把鞠躬作为见面礼节,并互致问候。在行鞠躬礼时,弯腰度数的大小、时间的长短以及次数的多少与向对方所表示的尊敬程度成正比。行见面礼时必须脱帽,手中不能拿东西或把手插在口袋里。女士与别人见面时,只鞠躬不握手。日本人说话时态度谦虚,语气婉转,不喜欢说话武断的人。如果是初次见面,应互换名片,表示愿意与对方交往。日本人一般不用香烟待客,抽烟而不敬烟。茶道是日本人接待贵宾、表达友谊的一种特殊礼节。在交际场合,日本人不喜欢给别人添麻烦,也忌讳高声谈笑。 日本人在正式场合通常穿西式服装;在隆重的社交场合或节庆日时,常穿着和服。日本人爱整洁,因此到日本人家里做客时,进门前要脱下大衣、风衣和鞋子。脱下的鞋子要整齐放好,鞋尖朝向房间门的方向。 日本人忌讳绿色,探望病人时忌讳送菊花、山茶花、仙客来等白色的花和淡黄色的花。日本人忌荷花图案,对金色的猫和狐狸极为反感。送给日本人礼物时,应避免送木梳、圆珠笔、T恤衫、火柴等物品。在包装礼物时,不要扎蝴蝶结。同他人相对时,日本人觉得注视对方双眼是失礼的。在宴请宾客时,忌把饭盛得过满,作为客人至少应吃两碗饭,表示对主人的尊重。	

续表

训练项目	训练要求	备注
韩国	韩国人一般采用握手作为见面礼节,讲究使用双手或单独使用右手。有时也同时采用先鞠躬、后握手的方式。韩国女士在一般情况下不与男士握手,代之以鞠躬或者点头致意。同他人相见或告别时,若对方是有地位、有身份的人,韩国人往往要多次行礼。称呼他人时喜欢用尊称和敬语,喜欢称呼对方能够反映其社会地位的头衔,很少直接叫出对方的名字。与人初次打交道时,韩国人非常讲究预先约定,遵守时间,并且十分重视名片的使用。 韩国人在交际应酬之中通常都穿着西式服装。在某些特定的场合,尤其是在逢年过节的时候,喜欢穿本民族的传统服装。进屋前需要脱鞋时,应将鞋尖直对房间内,否则会令对方极度不满。 韩国人忌讳数字是 4 和 13。在赠送礼品时,最好选择鲜花、酒类和工艺品,最好不是日本货。	
新加坡	在新加坡,进清真寺要脱鞋;在一些人家里,进屋也要脱鞋。由于过去受英国的影响,新加坡礼仪已经西化,但当地人仍然保留了许多民族的传统习惯,所以,打招呼的方式都各有不同,最通常的是人们见面时握手,对东方人可以轻轻鞠一躬。 新加坡人接待客人一般是请客人吃午饭或晚饭。和新加坡的印度人或马来西亚人吃饭时,注意不要用左手。到新加坡人家里吃饭,可以带一束鲜花或一盒巧克力作为礼物。谈话时,避免谈论政治和宗教,可以谈谈旅行见闻,你所去过的国家以及新加坡的经济成就。 新加坡居民一般喜欢红色、绿色、蓝色、黑色、白色、黄色为禁忌色。在商业上反对使用如来佛的形态和侧面像;在标志上,禁止使用宗教词句和象征性标志。新加坡人喜欢红双喜、大象、蝙蝠图案;忌讳数字是 4、7、8、13、37 和 69。新加坡人非常讨厌男子留长发,对蓄胡子者也不喜欢。	
泰国	泰国人的待人接物有许多约定俗成的规矩。朋友相见,双手合十、互致问候。晚辈向长辈行礼时,双手合十举过前额,长辈也要合十回礼。年纪大或地位高的人还礼时,双手不必高过前胸。行合十礼时,双手举得越高,表示尊重程度越高。泰国人也行跪拜礼,但通常在拜见国王和国王近亲的时候才行跪拜礼;国王拜见高僧的时候要下跪;儿子出家为僧,父母也要跪拜。把东西扔给别人是不礼貌行为。从坐着的人面前走过时,要略微躬身,表示礼貌。 泰国人非常重视头部,认为头颅是神圣不可侵犯的。用手触摸泰国人的头部,泰国人会认为是极大的侮辱;用手打小孩的头,泰国人会认为小孩一定会生病。泰国人睡觉忌讳头朝西,因为日落西方象征死亡。泰国人忌讳用红笔签名,因为人死后是用红笔把姓氏写在棺材上的。脚被认为是低下的,忌把脚伸到别人跟前,也不能把东西踢给别人,不然都是失礼。泰国人忌讳用脚踢门,否则会受到人们指责。就座时,泰国人最忌讳跷腿;把鞋底对着别人,被认为是把别人踩在脚底下,是一种侮辱性的举止;女士就座时,双腿要靠拢,否则会被认为没有教养。当着泰国人的面,不要踩门槛,他们认为门槛下住着神灵。在泰国,男女仍然遵守授受不亲的戒律,所以男女不能过于亲近。泰国人喜欢红色、黄色,忌讳褐色。	

【训练题目】

近年,拥有丰富旅游资源的泰国成为中国人出国旅游的热门国家。曼谷、清迈、芭提雅成为众所周知的热门旅游城市。当我们准备去泰国旅行之前,一定要充分了解泰国的一些习俗和禁忌。请同学模拟泰国旅游进行表演,掌握泰国的礼仪风俗和禁忌。

实训任务4　欧洲主要国家和地区的礼俗及禁忌

【训练目标】

(1) 了解欧洲主要国家和地区的礼仪风俗与禁忌。

(2) 了解与英国人、德国人、法国人、俄罗斯人交往时需要注意的礼仪。

【训练准备】

分组、本实训指导书、场地。

【训练内容】

训练项目	训练要求	备注
英国	英国是绅士之国,讲究文明礼貌,注重修养,同时也要求别人对自己有礼貌。英国人注重衣着打扮,什么场合穿什么服饰都有一定的讲究。见面时对尊长、上级和不熟悉的人用尊称,并在对方姓名前面加上职称、衔称或先生、女士、夫人、小姐等称呼。亲友和熟人之间常用昵称。初次相识的人相互握手,微笑并说:"您好!"在大庭广众面前,人们一般不行拥抱礼,男女之间除情侣外一般不手拉手走路。他们普遍喜爱喝茶,尤为女士嗜茶。他们还喜欢喝威士忌、苏打水、葡萄酒和香槟酒,有时还喝啤酒和烈性酒,彼此间不劝酒。对英国人称呼"不列颠"更能让所有的英国人感到满意。 英国人忌讳用人像、大象、孔雀作服饰图案和商品装潢;忌讳13这个数字;还忌讳3这个数字,忌讳用同一根火柴给第3个人点烟。和英国人坐着谈话忌讳两腿张得过开,更不能跷起二郎腿。如果站着谈话不能把手插入衣袋。英国人忌讳当着他们的面耳语或拍打肩背,也忌讳有人用手捂着嘴看着他们笑,他们认为这是嘲笑人的举止。英国人忌讳送人百合花,他们认为百合花意味着死亡。英国人忌讳谈论男士的工资和女士的年龄,甚至他家里的物品值多少钱也不行;购物时忌讳讨价还价。	
德国	德国人注重衣着打扮,外出时必须穿戴整齐、清洁;见面打招呼必须称头衔,不直呼名字;约会准时,时间观念强;待人热情、好客、态度诚实可靠;宴席上,男士坐在女士和地位高的人的左侧,女士离开和返回饭桌时,男士要站起来以示礼貌;请德国人进餐,事先必须安排好。和德国人交谈最好谈原野风光。德国人的个人业余爱好多为体育活动。接德国人电话要首先告诉对方自己的姓名。 德国人最爱吃猪肉,其次才是牛肉。以猪肉制成的各种香肠令德国人百吃不厌。德国人忌讳吃核桃。如果同时喝啤酒和葡萄酒,要先喝啤酒,然后再喝葡萄酒,否则被视为有损健康。在公共场合窃窃私语,被认为是十分无礼的。在德国,蔷薇专用于悼亡,不可以随便送人。德国人忌讳茶色、红色、深蓝色。	

训练项目	训练 要 求	备 注
法国	法国人天性浪漫、热情开朗,善于交际。在人际交往中,法国人喜欢与对方站得近一些,并喜欢使用肢体语言。法国人常使用握手礼、拥抱礼和吻面礼。法国是使用吻礼频率最多的国家。法国人推崇"骑士风度",对女士优待有加。法国人对服饰非常讲究,正式场合穿西装、套裙,出席庆典礼仪穿礼服。和法国人约会必须事先约定时间,准时赴约是有礼貌的表现,但不要提前。 首次见面送礼物很不恰当,一般在双方关系确定后才互赠礼品,礼品最好带有艺术性,送鲜花、香槟都是不错的选择。法国人忌讳黄色的花,认为这是不忠诚的表现;忌讳黑桃图案,认为不吉祥;忌讳墨绿色,因第二次世界大战期间德国军服是墨绿色;忌讳仙鹤图案,认为是蠢汉和淫妇的象征。法国人不送香水或化妆品给恋人、亲属之外的女人,因为他们认为这些象征着过分亲热或是图谋不轨。	
俄罗斯	俄罗斯人性格开朗、豪放,集体观念强。他们见面时大多行握手礼,拥抱礼也是他们常施的一种礼节。他们还有施吻礼的习惯,但对不同人员,在不同场合,所施的吻礼也有一定的区别:一般朋友之间、长辈对晚辈之间以吻面颊者为多,不过长辈对晚辈以吻额显得更亲切和慈爱;男士对特别尊敬的已婚女士,一般多行吻手礼,以示谦恭和崇敬;吻唇礼一般只是在夫妇或情侣间流行。主人给客人吃面包和盐,是最殷勤的表示。在待客中,常以"您"表示尊敬和客气;而对亲友往往则用"你"相称,认为这样显得随便,同时还表示出对亲友的亲热和友好。外出时,十分注重仪容仪表,衣扣要扣得完整,总习惯衣冠楚楚。男士外出活动时,一定要把胡子刮净;赴约要准时;在社交场合,处处表现尊重女性。和俄罗斯人说话,要坦诚相见,不能在背后议论其他人,更不能说他们小气;对女士要十分尊重,忌讳问年龄和服饰价格等。 俄罗斯人偏爱7,认为7是美满和幸福的象征。应邀去俄罗斯人家里做客时可带上鲜花或烈性酒,送艺术品或图书作礼品是受欢迎的。女主人对来访客人带给她的单数鲜花是很欢迎的;男主人则喜欢高茎、艳丽的大花。在俄罗斯,绝能在街上丢弃任何东西,这种行为是违规的。俄罗斯人对盐十分崇拜,不要打翻了盐罐,或是将盐撒在地上。俄罗斯人忌讳黑色,认为黑色是丧葬的代表色;忌讳用左手接触别人,或者用左手递送物品。	

【训练题目】

李女士是某公司新聘用的公关部经理,她上任的第一个任务就是负责宴请公司的俄罗斯客人。李女士虽然从未接受过此类任务,但她细心地考察了来客的习俗,首先了解到俄罗斯人的饮食禁忌和喜好,最后确定了在本地著名的五星级酒店设宴款待。她选择了有名的菜肴,并且以俄罗斯的伏特加酒点缀其间,受到客人和上司的夸奖。结合情景,分组进行角色扮演,掌握俄罗斯的礼俗及禁忌。

实训任务5 美洲主要国家和地区的礼俗及禁忌

【训练目标】

（1）了解美洲主要国家和地区的礼仪风俗与禁忌。

（2）了解与美国人、加拿大人、巴西人交往时需要注意的礼仪。

【训练准备】

分组、本实训指导书、场地。

【训练内容】

训练项目	训练 要 求	备 注
美国	美国人一般随和、友善。在交际场合，他们喜欢主动跟别人打招呼、攀谈。在日常生活中主张实效，不喜欢搞形式主义。平常见面时，以简单的点头、微笑为礼。除非亲朋好友，一般不会主动与对方亲吻、拥抱。在称呼别人时，喜欢直呼其名，以示关系密切。名片一般不送给别人，只是在双方想保持联系时才送。美国人在公共场合或者他人面前，绝不会蹲在地上，或者双腿叉开而坐。就座时，以右为尊，礼让长者和女士。美国人注重个人隐私，相处时应与他们保持适当距离。因此，在美国不小心碰到别人要及时道歉；坐他人身边要征得对方认可；谈话时不要距离过近，保持50～100厘米的距离为佳。 美国人平时穿着打扮比较随意，但注重服装整洁。拜访时，进门要脱下帽子和外套，及时换上拖鞋；室内要摘下墨镜。如果有客人夜间来访，主人穿睡衣接待客人被认为是不礼貌的行为。 与美国人交往时需要掌握送礼的注意事项：一般在每年的圣诞节期间、相识或分别的时候通过赠送礼物自然地表达祝贺和友情。在美国，请客人吃顿饭、喝酒或者共度周末，被视为普遍的"赠礼"形式，你只需对此显示出谢意即可，不用再做其他答谢。当被邀请去老朋友家做客时，应该预备小礼物，礼物简约、务实即可；如果空手赴宴，则表示你将回请。如果是生意往来送礼，要在生意刚刚结束时赠予礼品。给美国人送礼应保管好包装和价格标签，并附上置办票据，假如对方不喜欢可以拿着小票置换其他商品。有时，美国人还会给好友列出礼物清单，避免铺张浪费。美国人喜欢户外运动，"以玩代礼"也是不错的选择。 美国人对握手时目视其他地方很反感，认为这是傲慢和不礼貌的表示。美国人忌讳向女士赠送香水、衣物和化妆用品；忌讳别人冲他伸舌头，认为这是污辱人的举止；他们讨厌蝙蝠，认为它是吸血鬼和凶神的象征；美国人忌讳数字13、"星期五"等日；忌讳问个人收入和财产情况；忌讳问女士婚否、年龄以及服饰价格等私事；忌讳黑色；认为黑色是肃穆的象征，是丧葬用的色彩；特别忌讳赠礼带有你公司标志的廉价礼物。	

训练项目	训练要求	备注
加拿大	加拿大人因受欧洲移民的影响,他们的礼节和英法两国差不多。在日常生活中,加拿大人着装以欧式为主。上班的时间,他们一般要穿西服、套裙;参加社交活动时往往穿礼服或时装;在休闲场合则讲究自由穿着。握手被认为是一种友好的表示,一般在见面和临别时握一下就行,不必反复握手。公务时间,加拿大人很注意个人仪表和卫生,所以,他们希望客人也能这样。 他们有邀请亲朋好友到自己家中共进晚餐的习惯。如果被邀到别人家做客,明智的选择是给主人送点鲜花。不要送白色的百合花,它们是与葬礼联系在一起的。加拿大人为自己的国家自豪,反对和美国做言过其实的比较。谈一些肯定成绩的事例并对加拿大人及其国家给予好评是最受欢迎的。 加拿大人忌讳吃各种动物内脏,不爱吃肥肉;忌讳 13、"星期五",认为 13 是厄运的数字,"星期五"是灾难的象征。	
巴西	巴西人在人际交往中大多活泼好动、幽默风趣、爱开玩笑。巴西人在社交场合通常以拥抱或亲吻为见面礼节,只有在十分正式的活动中,他们才相互握手。此外,在巴西民间还流行一些独特的见面礼节,如握拳礼、贴脸礼、沐浴礼。巴西人的姓名通常由 3 部分构成,前面是本人的名字,接下来是母亲的姓氏,最后是父亲的姓氏。一般情况下,巴西人喜欢彼此直呼其名,在非常正式的场合才使用姓名全称。 在一些正式的场合里,巴西人的穿着打扮十分考究。他们不但讲究穿戴整齐,而且主张在不同的场合里人们的着装有所区别。在重要的政务商务活动中,巴西人主张一定要穿西装或套裙。而在一般的公共场合,男士至少要穿短衬衫、长西裤,女士则最好穿高领带袖的长裙。 巴西人喜欢用咖啡招待客人。巴西人在商务活动中,很重视建立良好的私人关系,如果你在他们眼里是一个值得信赖的朋友,他们将会对你以诚相待。在人际交往中,巴西人还极为重视亲笔签名,不论是写便条、发传真,还是送礼物,他们都会签下自己的姓名;否则就是不重视交往对象。到巴西人家中做客,如果双方互赠礼品,都应将对方的礼品当面打开。巴西人在交谈时,喜欢彼此间的距离近些。在巴西,人们饮酒时提倡饮而不醉,醉酒被巴西人视为粗俗至极。	

【训练题目】

美国某公司代表来我国进行商务考察,我国外事接待人员赠送他一套小礼物:中国的折扇和茶叶。折扇采用了中国文人喜欢的黑色,上面印有古诗,非常精美;茶叶用精美的竹盒包装,外面用黑色的高档包装纸打包。没想到的是,美国客人拒收了礼物,并且非常生气。分组讨论找出美国客人不喜欢这个礼物的原因,以及改进方案。

实训任务 6　大洋洲主要国家和地区的礼俗及禁忌

【训练目标】

(1) 了解大洋洲主要国家和地区的礼仪风俗与禁忌。

（2）了解与澳大利亚人、新西兰人交往时需要注意的礼仪。

【训练准备】

分组、本实训指导书、场地。

【训练内容】

训练项目	训练 要 求	备 注
澳大利亚	澳大利亚人办事认真、爽快，待人诚恳、热情，见面时喜欢热烈握手，称呼名字。他们崇尚友善，谦逊礼让，重视公共道德，组织纪律强、时间观念强，赴约准时并且珍惜时间。澳大利亚女性比较保守，接触时要谨慎。做客时可以赠送葡萄酒和鲜花。在悉尼和墨尔本宜穿西装；在布里斯班，当地商人惯穿衬衫、打领带、穿短裤，但初次见面时仍不妨穿西装。拜访商务场合或政府办公室，须预先约定。 澳大利亚人喜好邀请友人一同外出游玩，如果拒绝的话，会被他们理解成不给面子。澳大利亚的基督教徒有"周日做礼拜"的习惯，"雷打不动"，所以要避免在周日和他们邀约。在澳大利亚人眼里，兔子是一种不吉利的动物。他们认为，碰到了兔子，可能是厄运降临的预兆。澳大利亚人喜欢体育活动，游泳和日光浴是人们的嗜好，如果有谁不会游泳，还会成为众人嘲讽的对象。	
新西兰	在新西兰，毛利人仍保留着传统习俗。毛利人见面会行碰鼻礼，即双方要鼻尖碰鼻尖两三次，然后再分手离去。给毛利人拍照时，一定要事先征求他们的同意。 新西兰人见面和告别均行握手礼。习惯的握手方式是紧紧握手，目光直接接触；男士应待女士先伸出手来。鞠躬和昂首也是他们的通用礼节。初次见面，身份相同的人互相称呼姓氏，并加上"先生""小姐"等，熟识之后可以互相直呼其名。新西兰人的时间观念较强，约会须事先商定，准时赴约。客人可以提前几分钟到达，以示对主人的尊敬。交谈以气候、体育运动、国内外政治、旅游等为话题，避免谈及个人私事、宗教、种族等话题。新西兰人会客一般在办公室里进行。应邀到新西兰人家里做客时，可送给男主人一盒巧克力或一瓶威士忌，送给女主人一束鲜花。礼物不可过多，不可昂贵。 新西兰人性格拘谨，即使是看电影，也往往男女分场观看。新西兰对酒类限制很严，经特许售酒的餐馆，也只能售葡萄酒。可售烈性酒的餐馆，客人必须买份正餐，才被准许饮酒。	

【训练题目】

赵先生跟团去新西兰旅游。他们到了毛利人部落，受到了热情的欢迎。赵先生随手拿起相机拍照留念。就在他拍照时，一个毛利人突然怒气冲冲地对着他大喊大叫起来。赵先生吓坏了，导游看到后立刻让他收起相机。赵先生这才想起来，路上导游提醒过大家不许拍照。请同学根据以上情景分组模拟，掌握新西兰的礼俗及禁忌。

实训任务 7　非洲主要国家和地区的礼俗及禁忌

【训练目标】

（1）了解非洲主要国家和地区的礼仪风俗与禁忌。

（2）了解与埃及人、南非人交往时需要注意的礼仪。

【训练准备】

分组、本实训指导书、场地。

【训练内容】

训练项目	训练要求	备　注
埃及	埃及人见面时一般行吻手礼。在埃及,男士不要主动和女士攀谈;不要夸人身材苗条;不要夸赞埃及人家里的东西,否则会认为你在向他索要;不要和埃及人谈论宗教及男女关系。 在埃及,进伊斯兰教清真寺时务必脱鞋。埃及人喜爱绿色、红色、橙色,忌讳蓝色和黄色。他们认为蓝色是恶魔的象征、黄色是不幸的象征,遇丧事都穿黄衣服。他们也忌熊猫,因它的形体近似肥猪。埃及人喜欢金字塔形莲花图案;禁穿有星星图案的衣服,甚至有星星图案的包装纸也不行;禁忌的动物是猪、狗、猫、熊。3、5、7、9 是人们喜爱的数字,忌讳 13,认为它是消极的。吃饭时要用右手抓食,不能用左手。不论是送给别人礼物,或是接受别人礼物,都要用双手或者右手,千万别用左手。	
南非	南非社交礼仪可以概括为"黑白分明""英式为主",受到种族、宗教、习俗的制约。南非的黑人和白人所遵从的社交礼仪不同,白人的社交礼仪特别是英国式社交礼仪广泛的流行于南非社会。 目前,在社交场合,南非人所采用的普遍见面礼节是握手礼,他们对交往对象的称呼则主要是"先生""小姐"或"夫人"。在黑人部族中,尤其是广大农村,南非黑人往往会表现出和社会主流不同的风格。比如,他们习惯以鸵鸟毛或孔雀毛赠给贵宾,客人得体的做法就是把这些珍贵的羽毛插在自己的帽子上或头发中。 在城市里,南非人的穿着打扮基本西化了。在正式场合,他们都讲究着装端庄、严谨。南非黑人通常还有穿着本民族服装的习惯。不同部族的黑人,在着装上往往有自己不同的特色。 信仰基督教的南非人忌讳数字 13 和"星期五";南非黑人非常敬仰自己的祖先,他们特别忌讳外人对自己的祖先言行失敬。跟南非人交谈时,有以下 4 个忌讳的话题。 （1）为白人评功摆好。 （2）非议黑人的古老习惯。 （3）为对方生了男孩表示祝贺。 （4）评论不同黑人部族或派别之间的关系。	

【训练题目】

大学好友准备组团去埃及旅游,临走之前应该掌握哪些礼仪知识?结合情景,分组进行讨论。

_____

_____

考 核 表

考核内容	考核标准	分值	考核成绩
出勤情况	按时出席、不迟到、不早退	10	
课堂表现	听课认真、反馈积极	10	
训练题目	准备充分、操作正确	32	
	合作默契、善于分享	32	
	能根据题目要求规范填写	16	
总　　分			

学生自评	
组内互评	
教师评语	

第8章 公共礼仪训练

实 训 安 排

模 块 设 计	实训任务设计	学时安排
模块1 行路乘车礼仪	实训任务1 行走礼仪	1学时
	实训任务2 电梯礼仪	
	实训任务3 驾驶礼仪	
	实训任务4 乘车礼仪	
模块2 文体娱乐礼仪	实训任务5 文化交流礼仪	0.5学时
	实训任务6 体育赛事礼仪	
	实训任务7 影视剧院礼仪	
模块3 其他公共场所礼仪	实训任务8 旅游礼仪	0.5学时
	实训任务9 购物礼仪	
	实训任务10 医院礼仪	
总学时	2学时	

模块1 行路乘车礼仪

在现代快节奏的生活状态下,人们要想离开各式交通工具是不可能的。交通工具犹如被加速了的双腿,使人们能够在极短的时间内到达工作岗位、谈判地点、旅游胜地,甚至是异国领域。人们在使用交通工具时,往往是和一群素不相识的陌生人同行,因此,在路途中也应掌握一定的礼仪。

实训任务1 行走礼仪

行走是人们日常生活中不可或缺的,也是最常见的动作。掌握行走时的礼仪规范是十分必要的。

【训练目标】

（1）了解行走礼仪的基本内容。

（2）掌握道路漫步、行走、通过走廊、通过拥挤处、出入房间时的礼仪规范。

【训练准备】

分组、本实训指导书、场地。

【训练内容】

训练项目	训练要求	备注
文明行走	（1）热情问候。路遇熟人应当主动问候，对于他人的问候要及时给予友善的回答，不能视而不见。如果在路上碰到久别重逢的朋友，想多交谈一会儿，应靠边站立，不要站在路当中或拥挤的地方，以免妨碍交通。 （2）礼貌问路。向他人问路时态度要诚恳，语言文明，问完要致谢；对于问路者要热情帮助，问有答声，给予力所能及的帮助，或为其带路；若不知道，要向对方及时说明。 （3）帮助老幼。遇到老、幼、病、残、孕等需要照顾的群体应主动上前关心，给予帮助，不可视而不见，甚至讥讽、呵斥。 （4）扶正斗邪。遇到打架、斗殴、偷窃、抢劫或者破坏公物、破坏公共秩序的行为，应挺身而出，见义勇为。 （5）互相礼让。当 3 人以上同行时，尽量不要排成一行肩并肩行走；必要时分散行走，或者稍作停留让后面行人先走。行走时，若遇拥挤路段须礼让。若不小心踩到他人的脚或撞到别人时，首先应该道歉，面带微笑说一声"对不起"。	
保持距离	人际距离分为 4 种类型，在行走时应正确运用。 （1）私人距离。又称亲密距离，适用于家人、恋人或至交之间。它是指两人相距 0.5 米以内的距离。 （2）交际距离。又称常规距离，适用于交际应酬。它是指两人相距 0.5～1.5 米的距离。 （3）礼仪距离。又称敬人距离，适用于向对方表示特有的敬重，或用于举行会议、庆典和仪式等。它是指两人相距 1.5～3 米的距离。 （4）公共距离。又称大众距离，适用于与自己不认识的人相处。它是指两人相距大于 3 米的距离。	
保持自律	（1）不吃零食、不吸烟。 （2）不乱扔废物、不随地吐痰。 （3）不过分亲密。 （4）不尾随围观。 （5）不损坏公物。 （6）不窥视私宅。	
漫步	（1）独自漫步时，要注意安全、放松心情。此外，不要将随身听的耳塞放入耳内，随意大声哼唱，甚至不停摆动身体。 （2）多人漫步，特别是与尊长、异性漫步时，应该注意排列的顺序：通常的规则是以右为尊、以前为尊；多于 3 人并列行走时以居中者为尊。	

续表

训练项目	训练要求	备注
道路行走	(1) 遵守交通信号、交通标志和交通标线的各种规定。 (2) 走人行道,没有人行道的地方靠右走,优先选择天桥或地下通道。 (3) 需要在车行道借道通行时,应让在车行道内正常行驶的车辆优先通过。 (4) 横过马路时,在确认无车或车少、保证安全的情况下,直行通过,切勿斜穿马路。 (5) 学龄前儿童在道路上行走,须有成年人带领;未满12周岁的少年儿童,不准乘坐两轮或侧三轮摩托车。轻便摩托车不准载人。	
交通安全	(1) 不要在道路上强行拦车、追车、扒车或抛物击车。 (2) 不要在道路上玩滑板、溜旱冰鞋等滑行工具。 (3) 不要在道路上玩耍、坐卧或进行其他妨碍交通的行为。 (4) 不要钻越、跨越人行护栏或道路隔离设施。 (5) 不要进入内环路、外环路、高速公路、高架道路及行车隧道或者有道路隔离设施的机动车专用道。	
通过走廊	通过室内或露天走廊,穿梭于房间之间时,应该注意以下必要的礼仪。 (1) 单排行进。最多允许两个人并列行走。 (2) 主动右行。遇到狭窄路段,侧身相让。 (3) 缓步而行。步伐轻缓,避免快步奔走,干扰他人。 (4) 循序而行。不要跨越室外的栏杆,或者在其上行走。	
通过拥挤处	(1) 不要逗留过久。在拥挤的路段,应迅速处理自己的事情,马上离开,不要在此聊天、休息、看热闹。 (2) 不要阻挡别人。最好不要与人拉手、挽臂、勾肩或搂抱而行。携带东西时,应抱在身前,或一只手提拎。 (3) 不要动作过大。通过拥挤之处身体动作要小,不要猛然挥手、踢腿蹬脚。 (4) 不要高声谈笑。在拥挤之处与人交谈应该放低音量,不可大喊大叫,大吵大闹。	
出入房间	(1) 注意顺序。通常应该请尊长、女士、宾客率先进(出)房门,并主动替对方开(关)门。出入房间时若有人与自己反向而行时应该礼让对方。一般讲究房内之人先出,房外之人后入。如果对方是尊长、女士、宾客,应当优先对方。 (2) 开关房门。无论进、出房门都应以手轻扒、轻推、轻拉、轻关,绝不可用身体其他部位开门。 (3) 关注朝向。进、出房门时,如果房内有人,应始终面向对方,不可背向对方。	

【训练题目】

(1) 以小组为单位,模拟场景,体会不同场合行走应注意的礼仪。
(2) 注意在日常生活中养成良好的行走习惯。

实训任务 2　电梯礼仪

人们每天上班、下班、外出、回家基本会乘坐电梯。乘坐电梯除了安全问题外,礼仪问题也不容忽视。

【训练目标】

（1）了解电梯礼仪的基本内容。

（2）掌握进出电梯、上下楼梯、排队的礼仪规范。

【训练准备】

分组、本实训指导书、场地。

【训练内容】

训练项目	训练要求	备注
进出电梯	（1）注意安全。当电梯关门时，不可扒门、抢门或强行挤入；电梯人数超载时，应主动退让；电梯出现故障时，应及时自救，耐心等候，不可冒险攀爬逃生。 （2）兼顾顺序。与陌生人同乘电梯，进入时应按照先来后到、出去时应由外而内依次进出，不要争先恐后扰乱秩序。与熟人同乘电梯，则应视电梯类型而定：有人管理的电梯应主动后进后出；无人管理的电梯则应先进后出，以便为别人控制电梯。	
上下楼梯	（1）单排行走，不要多人并排行走。 （2）靠右侧通行，左侧留给有急事的人快速通过。 （3）带路者在前，被引导者在后。 （4）不应停留在楼梯口交谈，避免给别人的行走带来不便。 （5）礼让尊长和异性。 （6）保持距离，注意安全。	
排队	（1）主动排队。应该养成排队的良好习惯，不可破坏排队秩序、起哄或拥挤。 （2）遵守秩序。先来后到，依次而行。自己不能插队，也不能让身边的熟人插队。 （3）保持距离。排队时，缓步而行，以尊重其隐私，切不可相互贴得过紧。	

【训练题目】

以小组为单位，模拟场景，体会电梯应注意的礼仪。

实训任务 3 驾驶礼仪

随着生活水平的不断提高，越来越多的人拥有了私家车，驾车已经成为人们提高自己生活质量和生活效率的出行方式。每个驾驶者都必须熟悉驾驶礼仪，友好出行。

【训练目标】

（1）了解驾驶礼仪的基本内容。

（2）掌握驾车时喇叭、灯光、过斑马线、停靠的使用规范。

【训练准备】

分组、本实训指导书、场地。

【训练内容】

训练项目	训练 要 求	备 注
驾驶	(1) 技术合格。驾驶者必须取得驾照,并系统掌握驾驶技术;车辆要定期保养、检查与维护。 (2) 服从管理。遵守《中华人民共和国道路交通安全法》的规定,安全驾驶,定期审验,自觉服从交警管理。 (3) 安全驾驶。树立安全意识,采取安全措施。 (4) 礼让他人。行车之礼,让人第一。	
喇叭	要正确使用喇叭,不要故意使用喇叭搞恶作剧。下面是几种按喇叭代表的意思。 (1) 一声短"嘀"表示打招呼,表示"谢谢!""你好!""我先走了!"用于别人在路口礼让你、在停车场里看到熟人、保安给你敬礼等场合。如果别人看见你的话可以用扬一下手代替。 (2) 两声短"嘀嘀",表示提醒他人"注意,后面有车来了"。 (3) 一短一长"嘀、嘀——",表示紧急提醒别人"有危险"。 (4) 一声长"嘀——",表示催促前面的人让路或大呼"挡着路了,危险"。	
斑马线	在驾驶途中,遇到红灯时,应该在斑马线外减速,最后停在停止线内或距斑马线1米之外,不能直到最后才贴着行人停下来。这样的行为对行人来说是极度不礼貌的,并且对自己来说也容易造成不必要的麻烦。	
灯光	(1) 信号灯通常包括两种:转向灯(双闪)和刹车灯。转向灯在车辆转向时开启,断续闪亮,以提示前后左右的车辆和行人注意。转向灯的开启时间要掌握好,应在距转弯路口100米左右时打开。如果开得过早会给后车造成"忘关转向灯"的错觉,开得过晚又可能会使后面尾随车俩、行人毫无防备。刹车灯一般亮度较强,用来告知后面的车,前面的车要减速或停车,让后面的车做好准备。如果此灯使用不当的话,就极易造成追尾事故。 (2) 夜行示宽灯又称"小灯"。小灯用来显示车身宽度和长度,保证了晚上行驶的安全。 (3) 夜行照明灯又称"大灯"。大灯对于全车的灯来说是"心脏"。合理使用大灯应做到会车时变成近光,会车后及时变回远光,以放远视线,弥补会车时造成的视线不清。通过交叉路口和进行超车时应以变换远近光来提示。正确使用大灯的同时,更要用小灯予以配合。	
停靠	驾驶汽车不可以随意停靠,这样会占用道路影响交通,是非常不道德的,甚至是违法的,驾驶者在停靠车子时,最基本的常识是开转向灯。	

【训练题目】

(1) 模拟训练停车、过斑马线等规范。

(2) 会驾车的同学要规范驾车,文明守礼。

实训任务 4　乘车礼仪

出行时经常乘坐交通工具,如公交车、火车、飞机等。人们在乘坐交通工具时,往往是和一群素不相识的陌生人同行,因此,在路途中也应掌握一定的礼仪。

【训练目标】

(1) 了解乘车礼仪的基本内容。
(2) 掌握乘公交车、轿车、火车、飞机、船只的礼仪规范。

【训练准备】

分组、本实训指导书、场地。

【训练内容】

训练项目	训练要求	备　注
乘坐公共汽车	(1) 依次排队。排队上车不拥挤;主动礼让老、幼、病、残、孕等需要帮助的人;上车后应酌情向车厢内移动;下车提前走到指定的车门,便于迅速下车;携带物品应妥善安排在车架上,不要放在通道上,以免妨碍乘客上下车。 (2) 自觉购票。使用公交卡主动刷卡;使用月票要主动出示;其他人要主动购买车票,不要恶意逃票;乘坐无人售票车应主动投币。 (3) 对号入座。如果有座位号,乘客应对号入座,不要随意乱坐;如果没有座位号,可自由选择座位,但不能占用特殊座位;在车上遇到孕妇、病人、老人和抱孩子的女士,有座位的年轻乘客应主动让座;当他人给自己让座时,要立即表示感谢。 (4) 注意举止。在车上不要吸烟,不要随地吐痰、乱扔果皮和纸屑等;车上人多时,乘客之间难免拥挤和碰撞,乘客应相互谅解;乘客应尊重司机。	
乘轿车	(1) 座次尊卑。在正规场合,乘坐轿车一定要分清座次的尊卑。以双排四座轿车为例,当主人驾车时,座位由尊而卑依次是副驾驶座、后排右座、后排左座;如果是专业司机开车,座位由尊而卑依次是后排右座、后排左座、前排右座(即副驾驶座)。此外,乘出租车,若无特殊情况,乘客宜坐在后排。乘客应当尊重出租车司机,下车时应向提供优质服务的司机道谢。 (2) 保持文明。亲友一同乘车时,男士和晚辈应当照顾女士与长辈,请他们先上下车,并且为他们开关车门。乘车过程中,不要争抢车位,不要有不雅动作,维护车内卫生,不往车外丢东西、吐痰或擤鼻涕,开关车门注意安全。 (3) 上下有序。基本要求是请尊者、女士、来宾先上车,后下车。此外,主人亲自驾车,主人应该后上车,先下车;分坐于前后排。专业司机开车的话,坐于前排者,应后上车,先下车;同坐于后一排,以右为尊,尊者先上下,主人从车后绕过去,从左侧上下车。如果轿车停的位置不好,左侧车门不宜打开,以方便易行为宜。	女士上车时,如果穿着裙子,可先轻轻坐到座位上,然后把双腿一起收进车内。下车时,最好双脚同时着地,不要一前一后。

续表

训练项目	训练要求	备注
乘火车	(1) 火车全线实行购票实名制,车票、身份证与本人不一致或无法出示有效身份证件的旅客,不得进站乘车。 (2) 禁止"非法拦截列车、阻断铁路运输"及"扰乱铁路运输指挥调度机构以及车站、列车的正常秩序"。 (3) 乘坐火车的旅客要对号入座(卧),不能占用别人的座位。 (4) 旅客上车后,应迅速把携带的物品安放在行李架上,而不要把箱、包等随意放在车厢通道上,以免影响通行。 (5) 不要在车站和动车组车厢内乱丢垃圾、随地吐痰、随地大小便、乱刻乱画、粘贴物料、派发传单等。 (6) 避免在动车组车厢内饮食。在餐车用餐时,应节约时间,不要长时间霸占座位,影响他人用餐。 (7) 不要在车站和动车组车厢内吸烟。在部分普通列车上,吸烟者可以在车厢连接处吸烟。 (8) 不要携带宠物(导盲犬除外)、家禽上车。 (9) 不要在车站和动车组车厢内奔跑追逐、嬉戏打闹。 (10) 乘车时请保持安静,不要大声喧哗。旅客之间的寒暄、交谈应把握好尺度,不要随便打听别人的收入等私事。	
乘飞机	(1) 登机前。旅客应提前到达机场,遇到雨、雪、雾等特殊天气,应该提前与机场或航空公司取得联系,确认航班的起落时间;及时托运行李,如果行李超重,要按一定的比例收费;对于办理登机牌和选择座位,部分航空公司可以提前办理网上值机;通过安全检查时,若有违禁物品,要妥善处理,不应妄加争辩,扰乱秩序。在飞机场或候车室内都不能脱鞋;在国际航班和火车上,可以脱下鞋充分休息,有汗脚的人最好自觉不脱鞋。 (2) 乘机时。登机后,旅客要对号入座。飞机起飞前,认真观看乘务员为大家解说的逃生方法,主动系好安全带,手机关机或者调成飞行模式;平稳飞行后,可以使用笔记本电脑,要保持安静;避免小孩在机上嬉戏打闹;遇到飞机误点或改降、迫降时不要紧张;不要把飞机上提供的耳机、毛毯等非一次性用品带走;使用洗手间要维护卫生,避免在供应饮食时去洗手间。 (3) 停机后。飞机停稳后,等广播提示后再起立走动或拿取行李,以免摔落伤人,影响机上秩序。下飞机后,如果找不到自己的行李,可通过机场行李管理人员查寻,并填写申报单交航空公司。如果行李确实丢失,由航空公司照章赔偿。	按照规定,国内乘机应当提前30分钟(有的机场、航班需要提前45分钟)登机,所以提倡提前2小时左右到达,预留出排队等候的时间。

训练项目	训练要求	备注
乘船	（1）乘船的安全。在乘船之前一定要预备好一些常备药和晕车药，以备急用；不要携带危险品及禁带的物品乘船。 上船时，按先后次序排队；与亲友告别时，应举止得体，不要大声叫喊，也不要做出大幅度的动作。 乘船时，遵守安全规则。凡标明"旅客止步"的地方不要进入，船上的各种设备也不要随意触动。无论是在舱内还是在甲板上，不要向水里随手扔弃或倾倒杂物。如果海上风浪比较大，安全起见，尽量不要一人在甲板上徘徊。白天不准在甲板上挥动衣服或手帕，这样有可能会被其他船只误认为打旗语。晚上不准用手电筒对着外面乱晃，这也有可能被当成灯光信号，造成不必要的麻烦。不要擅自下水游泳；如果发生了突发事件，不要惊慌失措，要服从船员指挥，安全撤离。 下船时，应按顺序排队。对曾经帮助过你或有缘相遇的乘客和船员，应友好地告别，说些令人充满好感的告别语。 （2）乘船的休息、娱乐。乘船休息时，若房中其他乘客出门，不要翻动同房乘客的物品。乘船时要注意小节，如遇上景点拍照时不要挤抢等。如乘高级客轮，在船上用餐时，晚餐须着礼服或深色西服。 乘船娱乐时，可邀请其他乘客一起娱乐，不可强求；不要在船上四处追逐；不要在甲板上将音响设备放到很大音量；不要在客房大吵大闹。晕船呕吐去卫生间，千万不要吐在甲板上或舱内；如果已经吐了，应立即道歉，并尽量打扫干净。	一旦晕船，应服用晕车药；如果发生呕吐，要马上采取措施，不要吐在船上；若自己周围的人晕船、生病，要给予对方力所能及的帮助。

【训练题目】

（1）设计一组场景：乘公共汽车、乘轿车、乘火车、乘飞机、乘船。以小组为单位，体会不同场合乘坐交通工具应注意的礼仪。

（2）分小组选一种交通工具，设计情景和故事情节，把相关礼仪规范融汇其中，进行模拟表演。

模块 2　文体娱乐礼仪

图书馆、体育场、影剧院等公共场所是供各种社会成员进行活动的公共活动空间。在图书馆、博物馆、医院等公共场所活动应保持安静，在公共场所不仅要积极维护和发扬尊老爱幼的传统美德，还要自觉遵守公共场所礼仪规范。

实训任务 5　文化交流礼仪

图书馆、博物馆、美术馆是人类智慧的宝库，也是学习和交流知识、获取信息的场所。因此，要求公众在获取知识的同时，也应遵守文体交流场所的规章制度。

【训练目标】

（1）了解文化交流礼仪的基本内容。

（2）掌握图书馆借阅图书和看书的基本礼仪规范。

【训练准备】

分组、本实训指导书、场地。

【训练内容】

训练项目	训练 要 求	备 注
展览馆	（1）服装整洁，举止文明。 （2）不能穿背心、短裤、拖鞋去参观。 （3）不能一边参观一边吃东西，不可以吸烟。 （4）不要从参观者与展品中间穿过。 （5）保持安静、小声说话。 （6）不可以用手抚摸任何展品。 （7）未经允许，不能用闪光灯拍摄展品。	
图书馆、 阅览室	（1）衣着整洁，不能穿汗衫和拖鞋入内。 （2）进入阅览区前，请将与阅览无关的物品存入包裹寄存处，手机调成静音状态。 （3）在借阅区内，不要占座。走路脚步要轻，物品要轻拿轻放，不能发出声响。阅读时要默读，不能出声或窃窃私语。 （4）阅览后请将文献放置回收车上，请保持书架整齐有序。 （5）爱护图书及相关设施设备。不要在图书上随意圈点、涂抹、折页，或是把自己需要的资料图片撕挖下来。图书馆一般都备有复印、照相等业务，请读者按照说明使用相关设备；若有事需要帮助，不能大声呼喊，要走到工作人员身边轻声求助。 （6）遵守公共秩序及图书馆的相关规定，自觉维护良好的阅读环境。勿携带宠物入内，勿乱贴乱画、乱扔杂物。禁止吸烟和使用明火，禁止携带易燃、易爆、有毒危险品入内。 （7）保管好个人物品，如有遗失，责任自负。	
博物馆、 美术馆	（1）博物馆实行"免费不免票"，每日限量发放，可以提前预约。或凭本人身份证或有效证件参观，一人限领一票，当日有效，过期作废。高龄老年人、残疾人士、小学生须有家属或监护人陪同，在专设窗口领票；现役军人凭证件可优先领票。 （2）衣冠不整，举止不雅者谢绝入馆。 （3）请勿将各类管制刀具、打火机、光盘、危险品及宠物带入场馆。违禁的私人物品请存包或于馆外自行处理。 （4）如随身携带旅行箱、包，经安检后，须将行李寄存后再入场参观，贵重物品自行妥善保管。 （5）如自带液体饮料及自用食品，即使经安检后可以带入场馆内，也须在展厅外的休息区域使用。 （6）参观时须与展品保持安全距离，勿触摸展品。 （7）拍照留念时，勿使用闪光灯、自拍杆和三脚架。若在展厅内设立明显的不可拍照提示标识，则不要拍照。 （8）场馆内勿奔跑、追逐、攀爬、躺卧。 （9）协助维持好展厅内的参观秩序和良好的参观环境，不要大声喧哗，将手机设置为静音，不要在场馆内吸烟。	

【训练题目】

以小组为单位,模拟参观博物馆的场景,体会博物馆礼仪规范。

实训任务6　体育赛事礼仪

观看体育赛事时,要注意自己的言行举止。你的言行举止不仅是个人修养的体现,也关系到社会风气。

【训练目标】

(1) 了解体育赛事礼仪的基本内容。
(2) 掌握观看比赛的礼仪规范,做文明观众。

【训练准备】

分组、本实训指导书、场地。

【训练内容】

训练项目	训练要求	备注
观看比赛	(1) 进场观赛前,须提前有序入场,对号入座。观众不得携带易拉罐、玻璃瓶饮料进入场地。 (2) 比赛进行时,尊重运动员、教练员、裁判员。 ① 比赛中对声音的要求。大多数体育比赛中允许观众为运动员呐喊助威,活跃赛场气氛,激励运动员竞赛水平的发挥。但需要注意的是,特定的运动项目和某些特定的时刻,禁止发出声音,以免影响运动员。 ② 比赛中对灯光的要求。体育比赛中对于光的要求较为严格。有些运动项目全场禁止使用闪光灯,因为灯光的变化可能会分散运动员的注意力,影响运动员竞技水平的正常发挥,此类项目有羽毛球、网球、排球、击剑、体操等。 (3) 比赛结束后,必须带走垃圾,不踩座位,不翻栏杆。不要争先恐后涌向出口,应随着人流缓缓而出。出场后不要围观运动员;运动员的车辆从身旁通过时,要让开通路,为表示友好可以挥手致意。	
健身	(1) 提前预约。正规的健身房需要凭证入场。为了保证自己有规律地健身,应提前预约。 (2) 讲究衣着。健身时,穿着正式的健身服,以便于运动。 (3) 目标明确。制订专门方案,循序渐进地加以完成。 (4) 遵守规则。健身房运动以自练为主。集体运动时,听从口令,统一行动。健身房内要保持安静,不要大声喧哗。 (5) 爱护器材。保持器材干净,不要过长时间独占器材;运动完毕,应将器材归回初始状态,计时、计数归零。 (6) 尊重教练。离开健身房前,应向指导教练致意,感谢他的指导与陪伴。	

续表

训练项目	训练要求	备注
游泳	(1) 游泳前注意饮食。成人酒后游泳有可能引发心脏病或者直接溺亡。对于孩子来讲,最好不要在游泳前吃鸡蛋、喝牛奶,容易引起呕吐。 (2) 游泳着得体。游泳着装包括泳衣、泳裤、泳帽、泳镜。 (3) 讲究个人卫生。下游泳池前需要淋浴,并浸脚消毒;不要乱吐口水,自觉维持游泳池周围的卫生;在游泳池内严格禁止大小便;身体有传染性疾病应避免游泳。 (4) 服从管理。在游泳池中不能打闹、跳水。一般的公共游泳池不允许戴脚蹼及滑手掌等泳具,以免伤害他人。服从游泳池管理人员的指挥,特别要听从哨音。 (5) 遵守游泳规则。大多数游泳池会用水线来分割泳道。为保持秩序,避免互相干扰,在泳道中应顺泳道靠右侧游进,不要横穿泳道。休息时则应该到游泳池两侧,不要扒住水线影响别人。	
滑雪	(1) 有秩序搭乘魔毯。滑雪旺季,魔毯或缆车可能会出现运力不足的情况,等待时不要争抢插队。很多人穿着雪鞋或雪板时行动不便,争抢可能会出现严重事故。 (2) 根据个人水平找准滑雪道。滑雪道一般分初级、中级和高级3种,初学者不要随便到中级或高级滑雪道,这样不仅会对自身安全不利,还会因在滑行过程中失去控制而危害到他人。 (3) 保持安全距离。滑行时要注意前方和两侧的情况,与周围滑雪者保持安全距离,以防相撞发生危险。失控摔倒前要大声呼喊,告知周围人避让。 (4) 不要在滑雪道中间过久停留。滑雪者应避免在滑雪道狭窄地点或盲点做非紧急性停留,摔倒者必须尽快离开这些地点。如果摔倒或想要暂时休息,一定要靠边。 (5) 留意滑雪场内的危险提示语和安全提示广播。	
保龄球	(1) 上投球区时,务必更换保龄球鞋。 (2) 只使用自己的保龄球。 (3) 遵守先右后左的原则。 (4) 待球瓶完全排好后再投球。 (5) 请勿侵入相邻的球道。 (6) 不要随便进入投球区。 (7) 当相邻投球区的人已准备好时,请让先。 (8) 勿在投球区以外挥动保龄球,特别是在别人休息座椅前。 (9) 成绩不佳时,不能轻率迁怒于球道。 (10) 不要随便批评别人的缺点。 (11) 勿将饮料洒落于球道上。 (12) 投球的预备姿势勿过久或呆立在投球区内。 (13) 投球动作结束后,不要久留在球道上。 (14) 请勿打扰投球者的注意力。 (15) 切勿投出高球。	

【训练题目】

以小组为单位,模拟观看比赛,可分饰正反对照角色,加强学生对正确礼仪的印象。

实训任务 7　影视剧院礼仪

观看影视剧既可以指观看戏剧、歌剧、芭蕾舞剧等高雅艺术,也可以指观看演唱会、音乐会、晚会等参与度较高的节目,还包括电影等影像节目。每位观众都应当遵守影视剧院内的公共秩序,讲究文明礼貌。

【训练目标】

（1）了解影视剧院礼仪的基本内容。
（2）掌握在影剧院观看电影、听音乐等时的礼仪规范。

【训练准备】

分组、本实训指导书、场地。

【训练内容】

训练项目	训 练 要 求	备 注
歌剧院	（1）在演出开始前进入剧场,避免迟到。演出前 30 分钟可以进入剧场,提前感受剧场的艺术氛围,从容做好观演前的各项准备工作。迟到观众应在等候区等候,等幕间休息时入场,入场时按照场务人员的指引,轻声入场,就近入座。待中场休息时可以回到自己的座位。 （2）对于观看高雅艺术的观众,仪表着装更为讲究,为表示对艺术家的尊重,一般应着比较正式的服装。 （3）进入剧场后须对号入座,勿将食品、饮料、塑料袋等带入场内。大剧院内设有休息区,观众可在开演前或中场休息时在休息区食用食品、饮料。 （4）入场前应将摄影器材寄存,未经允许,演出过程中不得拍照、录像。为了保证演出的顺利进行,保护演员和大多数观众的利益,在演出期间未经许可不得私自录音、录像、拍照和使用闪光灯。 （5）不要在乐章之间鼓掌,待演奏完毕指挥明确示意后,可以对艺术家报以热烈掌声。 （6）演出期间务必保持安静,不要私下交谈,接、打手机。 （7）在谢幕过程中,观众应在最后一个节目谢幕时热烈鼓掌,待演员退场后或大幕关闭时再顺序退场。	
演唱会	（1）不要携带任何易燃易爆、有毒危险物品以及刀具、金属器械等。此外,瓶装、罐装饮料也不能带入场内。 （2）建议现场观众根据自己的身体状况和当天天气预报,穿着适宜的衣物入场。看演出时应该摘掉帽子,以避免影响后面观众的视线。在演唱会、音乐会以及电影院这样的场合,是绝对不允许脱鞋子的。 （3）不要携带摄录器材(DV 机)等,可以适当准备荧光棒、口哨、海报、手牌、望远镜等装备,贵重物品谨防遗失。手机等其他通信设备一律关闭,尤其是演出时严禁接、打手机。 （4）观看演出时不要来回走动,要保持环境安静。如果在观看演出时喉咙发痒,可以含服非咀嚼型润喉糖,避免咳嗽声频繁发出。暂时控制不了咳嗽或喷嚏的观众,可向工作人员要求出场稍歇。	

续表

训练项目	训练要求	备注
观影视	（1）不得携带宠物进入放映厅内。 （2）不得外带非影院出售的食品进入影厅。 （3）影厅内不得食用带壳食品、口香糖及气味较浓的食品。 （4）影厅内禁止吸烟,不得大声喧哗、录像,应调整移动电话为静音,来电时到影厅外接听以免影响其他人观影。 （5）电影票售出后可以提前退换。 （6）观影结束后应检查好随身携带的物品后再离开影厅。 （7）爱护电影院设施设备;保管好 3D 眼镜,避免用力弯曲,不要用手触摸镜片。	

【训练题目】

以小组为单位,模拟观看演唱会的礼仪。可分饰正反对照角色,加强对正确礼仪的印象。

模块 3 其他公共场所礼仪

公共场所是大家自由活动的地方,与家里私人空间不一样,所以更应该展现礼仪,一方面有助于维护公共秩序;另一方面也能显示个人良好的气质与教养。

实训任务 8 旅游礼仪

随着我国人民物质和文化生活水平的不断提高,旅游观光爱好者的队伍也在日益壮大。旅游观光本身是一项文明而高尚的活动,参加这项活动的人理应多讲究一些礼仪。

【训练目标】

（1）了解旅游礼仪的基本内容。
（2）掌握公园游玩的基本礼仪规范。

【训练准备】

分组、本实训指导书、场地。

【训练内容】

训练项目	训 练 要 求	备 注
旅游	(1) 维护环境卫生。不随地吐痰和吐口香糖,不乱扔废弃物,不在禁烟场所吸烟。 (2) 遵守公共秩序。不喧哗吵闹,排队遵守秩序,不并行挡道,不在公众场所高声交谈。 (3) 保护生态环境。不踩踏绿地,不摘折花木和果实,不追捉、投打、乱喂动物。 (4) 保护文物古迹。不在文物古迹上涂刻,不攀爬触摸文物,拍照摄像遵守规定。 (5) 爱惜公共设施。不污损客房用品,不损坏公用设施,不贪占小便宜,节约用水用电,用餐不浪费。 (6) 尊重别人权利。不强行和外宾合影,不对着别人打喷嚏,不长期占用公共设施,尊重服务人员的劳动,尊重各民族宗教习俗。 (7) 讲究以礼待人。衣着整洁得体,不在公共场所袒胸赤膊;礼让老幼病残,礼让女士;不讲粗话。 (8) 提倡健康娱乐。抵制封建迷信活动,拒绝黄、赌、毒。	
入住酒店	(1) 外出旅行最好提前预订酒店。 (2) 进入酒店大堂应到前台登记。 (3) 门童帮忙搬运行李时需要道谢。 (4) 需按顺序排队登记办理入住。 (5) 在酒店大堂、走廊要保持文明礼貌。 (6) 享受客房也要保持整洁、卫生。 (7) 结账离开时应礼貌致谢。 (8) 弄坏物品要勇于承担责任并赔偿。	
公园游览	(1) 自觉买票入园。首先必须了解公园的开放时间,周边交通状况,能乘坐交通工具就尽量不要自驾。有些公园进出需要门票或有关凭证,千万不要私自翻爬围墙,以避免不必要的风险。 (2) 爱护公园环境。保持公园清洁卫生,不乱扔果皮杂物,不随地吐痰,准备充足的纸巾、湿巾和垃圾袋。不折损、刻画、摇吊树木,不践踏花坛、封闭的草坪和树丛;不摘取花卉、果实和种子;不捕捉园内蟋蟀、蝉类等;不攀爬雕塑、观赏性假山、树木等;不能擅自去湖内游泳;不能焚烧草坪、玩火或擅自烧烤。 (3) 注意摄影安全。不能到危险场所或不宜攀登、不准入内的地方去,以免发生意外。	

【训练题目】

以小组为单位,模拟大学生出游的情景,体会旅游礼仪规范。

实训任务 9　购物礼仪

购物场所包括商场(店)和书店。作为公众场合,它们是一个城市精神文明的窗口,顾客与营业员之间互相尊重、互相体谅才能创造一个和谐、舒适的选购环境。

【训练目标】

（1）了解购物礼仪的基本内容。

（2）掌握购物的基本礼仪规范。

【训练准备】

分组、本实训指导书、场地、商品、书籍。

【训练内容】

训练项目	训练要求	备注
商场购物	（1）物品保管。在商场购物时，应保管好自己的私人物品，不能带宠物逛商场；在购买食品的时候，未付款之前不能食用。 （2）态度友善。顾客对营业员应礼貌客气，不能盛气凌人。对营业员应使用合适的礼貌称呼，不要以"喂"代替。需要营业员提供服务时，应客气地提出请求，避免使用命令的语气。 （3）选购商品。顾客选购商品时，一定要看准样式、颜色、质量、价格等，确定好再请营业员拿来。肯定不买的商品，尽量不要让营业员拿来。挑选后不满意的，可以请营业员把商品取回。对态度不好的营业员，也不要与其发生正面冲突，这会有损自己的形象，必要时可以向其领导反映情况，请领导来主持公道。选好商品后，当面交清钱和票证。 （4）主动赔偿。挑选易损和易污的商品时，必须小心谨慎。如果损坏，应主动赔偿；或者把损坏的东西买下来，不要强词夺理，拒不认账。 （5）商品退换。退换商品时，要说明理由，主动出示凭据。有些商品（特价商品及食品）一般不予退货，购买时要考虑周全。此外，退货要注意期限，一般为 7 天之内，时间拖得越长越不利于退货。	
书店购物	（1）在书架前不宜停留时间过长。 （2）选购书籍时需要轻拿轻放。 （3）尊重他人版权，不随意抄录。 （4）不要倚着书架或席地而坐。 （5）试读书籍后应物归原处。 （6）在书店内应轻声交谈，拒绝打闹。	

【训练题目】

以小组为单位，模拟购物礼仪。可分饰不同性格特点的顾客角色，加强对正确礼仪的印象。

_____

_____

_____

_____

实训任务 10　医院礼仪

人生在世,难免碰上生、老、病、死,其中又以病是每个人都会经历的重复过程。前往医院探访住院的亲友,是人际交往的基本礼节。在兼顾人情之余,也要注意不要干扰病人的情绪,应给予关怀祝福。

【训练目标】

(1) 了解医院礼仪的基本内容。
(2) 掌握医院探病的基本礼仪规范。

【训练准备】

分组、本实训指导书、场地。

【训练内容】

训练项目	训练要求	备注
就诊	(1) 自觉维护就诊环境。如果患上感冒或其他流行性传染病,就诊时要自觉戴上口罩。打喷嚏或者咳嗽的时候也要回避他人,避免传染给他人。不要在候诊室及挂号区吸烟;要保持安静;不随地吐痰;交谈要轻声,勿嬉闹。 (2) 挂号、取药要排队。部分医院开通预约挂号、分时就诊,有助于提高就诊效率。无论是挂号、候诊还是取药,均应遵守秩序,依次排队,听从医生叫号就诊。 (3) 乱扔医疗垃圾有风险。就诊及体检过程中,产生一些粘有病患血液的棉签、棉球等垃圾,随手乱扔可能导致传染,因此相关医疗垃圾一定要扔进医院指定垃圾桶内。 (4) 主动配合,遵从医嘱。到医院看病,应听从医院的安排,主动提供病情症状,协助医生做出正确的诊断。 (5) 医院路段规范停车。医院停车位有限,去医院就诊时一定要规范停车,避免造成路段拥堵,更不能堵住急救通道。 (6) 尊重他人隐私,勿围观。病人接受诊治时,其他人不应围观,这样不但会妨碍医生就诊,而且会侵犯别人的隐私权。 (7) 住院治疗要遵守规定。住院期间,应尊重医护人员,遵守病房的作息制度,自觉保持病房的卫生,与其他病友友好相处,互相关照。	
探病	进病房时要先轻轻敲门,得到应允后再进入。到病床前,先把礼物放下,见到病人,要同平常一样自然、平静、面带微笑,主动上前握手;不宜握手时,可探身表示慰问。 与病人交谈时,勿坐在床沿,以免占用病床空间,让病人产生压迫感。交谈中,多讲些慰问、开导和鼓励的话,用乐观向上的语言给病人以精神上的鼓励,不要提及刺激病人的话题,多讲些愉快的事,使病人得到宽慰和快乐。 探望病人的时间不宜超过 30 分钟。离开时询问病人有什么需要帮助的地方,并嘱咐病人安心治疗,过两天再来看望。如果有其他探病的客人到访,应先行离去,避免造成病人疲累。	如果是危重病人,则不应交谈,只可探视,简单而深情地给予安慰、鼓励。

【训练题目】

班里的同学小王生病住院,你作为班级代表前去探望。以小组为单位,模拟医院探病场景,体会医院礼仪规范。

考　核　表

考核内容	考核标准	分值	考核成绩
出勤情况	按时出席，不迟到、不早退	10	
课堂表现	听课认真、反馈积极	10	
训练题目	准备充分、操作正确	32	
	合作默契、善于分享	32	
	能根据题目要求规范填写	16	
总　分			

学生自评	
组内互评	
教师评语	

第9章 沟通礼仪训练

实 训 安 排

模 块 设 计	实训任务设计		学时安排
模块1 交谈礼仪	实训任务1 交谈的内容礼仪		0.5学时
	实训任务2 交谈的方式礼仪		
	实训任务3 交谈的态度礼仪		
模块2 网络通信礼仪	实训任务4 电子邮件礼仪		1学时
	实训任务5 收发传真礼仪		
	实训任务6 手机使用礼仪		
模块3 书信礼仪	实训任务7 书信的格式礼仪		0.5学时
	实训任务8 常用书信的书写礼仪		
总学时	2学时		

模块 1 交 谈 礼 仪

交谈是人际交往的基本方式之一。从广义上讲,交谈是人与人之间建立联系、交流思想、沟通感情、消除隔阂、促进合作的一个重要渠道。但是,交谈并不是简单的开口说话,它需要遵循一定的规范和原则,也就是交谈礼仪。

实训任务1 交谈的内容礼仪

交谈的内容对交谈成败起着决定性作用。交谈时选择的内容往往被视为个人品位、志趣、修养和阅历的集中体现。

【训练目标】

掌握交谈内容的选择。

【训练准备】

分组、本实训指导书、场地、桌子、椅子。

【训练内容】

训练项目	训练要求	备注
切合语境	首先,交谈内容的选择要遵循 TPO 原则,即要与交谈的时间、地点与场合相对应,否则就有可能出错。其次,交谈内容还应符合自己的身份,交谈内容要符合我国的法律法规,并与单位和领导保持一致,且不可泄露本单位的机密。	
因人而异	交谈的本质是一种交流与合作,因此在交谈时要根据交谈对象的不同而选择不同的交谈内容,应当为交谈对象着想,根据对方的性别、年龄、性格、民族、阅历、职业、地位等而选择适宜的话题。	
宜选话题	(1) 选择高雅的内容。在与人交谈时,应尽量选择高尚、文明、优雅的内容,比如哲学、历史、文学、艺术、风土人情等。不宜谈论低级庸俗的内容,如男女关系、凶杀惨案等。 (2) 选择轻松的内容。在与人交谈时,要有意识地选择一些轻松愉快的话题,而不应选择那些让人感到沉闷、乏味、压抑或悲伤的话题。 (3) 选择擅长的内容。在与人交谈时,应当选择自己或对方擅长的内容。选择自己擅长的内容,能使你在交谈中驾轻就熟、得心应手,让对方觉得你谈吐不凡,从而对你刮目相看。选择对方擅长的内容,则既可以给对方发挥优势的机会,调动其交谈的积极性,又可以借机向对方表达自己的谦恭之意,从而有利于赢得对方的好感。	
回避禁忌	在与别人交谈时,应当把握好"度"。在内容上要斟酌,千万不要犯忌,不宜对自己的单位或领导横加非议,必须时刻维护单位的声誉,绝对不能对自己的领导、同事、同行说三道四。不应涉及对方单位内部事务,不要涉及对方弱点与短处。同时,如果双方不是十分熟识,也不要涉及对方的个人隐私,如年龄、收入等。	

【训练题目】

采取角色扮演的方式,设定不同的情景,并练习选择不同身份合适的交谈内容。

实训任务 2 交谈的方式礼仪

与他人交谈,既要注意具体内容,又要注意表达方式,应根据不同的情况采取适宜的谈话方式。

【训练目标】

(1) 了解交谈方式的分类。

（2）掌握各种交谈方式的适用情况。

【训练准备】

分组、本实训指导书、场地、桌子、椅子。

【训练内容】

训练项目	训 练 要 求	备 注
扩展式	指交谈双方就某些共同关心的问题进行由此及彼、由表及里、由浅入深的讨论。	
评判式	指在交谈过程中听取对方的观点以后，在适当的时刻，以适当的方法，恰如其分地进行插话，来发表自己就此问题的主要看法。	
倾泻式	指在谈话时对对方毫无保留，将自己的想法和盘托出。	
静听式	指与别人进行谈话时，自己主要是洗耳恭听。	
启发式	指交谈中的一方主动帮助不善表达的另一方，在话题的选择或谈话的走向上给对方予以引导、支持、鼓励，以帮助对方在谈话中能够采用恰当的方法来阐述自己的见解和主张。	
跳跃式	指在交谈过程中某一话题无人响应，为避免谈话者感到尴尬，或者是谈话出现冷场，因而跳出原先谈论的范畴，转而谈论令大家都感兴趣的话题。	

【训练题目】

2～3人为一组，依次使用不同的交谈方式进行模拟交谈训练，教师现场指导。

实训任务3　交谈的态度礼仪

在与人交谈时应当体现出以诚相待、以礼相待、谦虚谨慎、主动热情的基本态度，而绝对不能逢场作戏、虚情假意或应付了事。

【训练目标】

（1）了解交谈中态度的重要性。
（2）掌握交谈中应注意的态度。

【训练准备】

分组、本实训指导书、场地、桌子、椅子。

【训练内容】

训练项目	训练要求	备注
表情自然	(1) 交谈时目光应当专注,或注视对方,或凝神思考,和谐地与交谈进程相配合,不可眼神呆滞或目光四处游走。如果是多人交谈,就应该不时地用目光与众人交流,以表示彼此是平等的。 (2) 交谈时应适当地运用眉毛、嘴、眼睛的形态变化,来表达自己对对方所言的赞同、理解、惊讶、疑惑,从而表明自己的专注之情,使交谈顺利进行。 (3) 交谈时的表情应与说话的内容相配合。与上级领导谈话,应恭敬而大方;与客人谈话,则应亲切而自然。	
说话礼貌	(1) 注意语音。在与人交谈时,尤其是在大庭广众之下,必须有意识地压低自己说话时的音量。最佳的说话声音标准,是只要交谈对象可以听清楚即可。 (2) 注意语态。在与人交谈时,在神态上要既亲切友善,又舒展自如、不卑不亢。最佳的语态是积极合作、认真聆听、努力呼应、有来有往、专心致志。 (3) 注意语气。在与人交谈时,语气应当和蔼可亲,一定要注意平等待人、谦恭礼貌。在交谈时既不要表现得居高临下,也不宜在语气上刻意逢迎,故意讨好对方,令对方反感。同时,在语气上一定要力戒生硬、急躁或者轻慢。 (4) 注意语速。在与人交谈时,语速应保持相对稳定,既快慢适宜,舒张有度,又在一定时间内保持匀速。	
举止得体	人们在交谈时往往会伴随着一些举止,这些举止是人们对谈话内容的反映或强调。参与谈话的人应善于运用举止传递信息,但要避免过分或多余的动作。	
遵守惯例	(1) 注意倾听。在交谈中,务必认真倾听对方的发言,以表情举止予以配合,从而表达自己的敬意,并为积极融入交谈做最充分的准备。切不可追求"独角戏",对他人发言不闻不问,甚至随意打断对方的发言。 (2) 谨慎插话。在交谈中,不应当随便打断别人说话,要尽量让对方把话说完再发表自己的看法。如确实想要插话,应向对方先打招呼:"对不起,我插一句行吗?"所插之言也不可冗长,一两句点到为止即可。 (3) 重视交流。交谈是一种双向或多向交流过程,需要各方的积极参与。因此在交谈时切勿造成"一言堂"的局面。自己发言时要给其他人发表意见的机会,别人说话时自己要适时发表个人看法,互动式地促进交谈进行。同时,要以交谈各方都共同感兴趣的话题为中心,并利用双方均能接受的方式进行。若发现话不投机,需及时调整话题。 (4) 礼让对方。在与他人交谈时,不要以自我为中心,而忽略了对对方的尊重。正常情况下,在谈话中不要随便否定对方或是质疑对方,不要动辄插嘴、抬杠,不要一人独霸"讲坛",或者一言不发、有意冷场。 (5) 委婉表达。在陈述自己的见解时,应该力求和缓,不但要善解人意,而且要留有余地。即使只是提出建议或忠告,也可以采用设问句,最好不要用有命令之嫌的祈使句。在任何时候,都不要强人所难。	

【训练题目】

采取角色扮演的方式,通过设定不同的情景和交谈主题,学生两人为一组,来练习良好的交谈态度。

案例分析

案例:

中国某外贸公司总经理应美国合作方的要求到美国进行访谈,双方要讨论下一步的合作方案。到达美国之后,美方对中方提出的合作方案十分感兴趣,合作事宜基本确定,就等着签合同。等待合同期间,美国代表出于礼貌邀请该外贸公司总经理到他家里参加宴会,该总经理欣然应邀,他也很想看看美国人的家里是什么样子。

到达美方代表家里之后,他开始了习惯性的中国式的谈话方式,为了拉近双方的距离,他一开始就问美国代表:你的脸色看起来不太好,是不是昨天晚上没有休息好?还详细追问是不是生病了,还是其他的原因,后来感觉到美方代表的脸色不是很好看才住口。为了表示自己的品位高他又问美方代表:你的房子装修得很漂亮,应该花了不少钱吧?

拜访结束后,美方代表说合同的具体内容他还要仔细考虑一下,让总经理先回去等他的消息。这位总经理回去后不久,美方代表就派人通知总经理取消合同。理由是美国代表觉得这位总经理不尊重他,对总经理的合作诚意产生怀疑。

问题:

(1) 请分析为什么美国代表觉得这位总经理不尊重他。

分析:_____

_____

_____

(2) 结合案例谈谈交谈时应选择什么交谈内容和交谈方式。

分析:_____

_____

_____

模块 2   网络通信礼仪

随着现代通信技术的不断发展和互联网应用的普及,网络通信在人类生产和生活中扮演着越来越重要的角色,办公人员应与时俱进,适应时代发展的趋势,掌握网络通信中的礼仪知识。

实训任务 4　电子邮件礼仪

电子邮件是一种用电子手段提供信息交换的通信方式,是互联网中广泛应用的服务。电子邮件的存在极大地方便了人与人之间的沟通与交流,促进了社会的发展。

【训练目标】

掌握电子邮件撰写和回复礼仪。

【训练准备】

分组、本实训指导书、场地、接入互联网的计算机。

【训练内容】

训练项目	训练要求	备注
撰写邮件	(1) 邮件主题。邮件的主题要简洁、明确,准确反映邮件的内容,这样可以让收件人迅速了解邮件内容并判断其重要性。切忌使用空白标题或让电子邮件软件自动捕捉正文内容作为标题。 (2) 称呼与问候。邮件的开头要恰当地称呼收件人,可以按对方的职务尊称对方,如"×经理"。如果不清楚其职务,则可称为"×××先生""×××女士"。在多个收件人的情况下可以称呼"大家"。在邮件的开头最好有问候语,如"您好"。 (3) 正文。首先,邮件的正文要简明扼要,如果具体内容很多,则正文应只作简要介绍,可以采用分点或分段介绍的方式进行清晰的说明,再上传附件进行详细描述。其次,邮件要行文通顺,多用简单词汇和短句,要准确清晰地表达,不要出现让人晦涩难懂的语句。尽可能避免拼写错误和错别字,注意使用拼写检查,可以采用大写、加粗等方式合理提示重要信息。在商务邮件中尽量不要使用表情符号。 (4) 附件。如果邮件带有附件,应在正文里面提示收件人查看附件;附件数目不宜超过 4 个,数目较多时应打包成一个文件;附件的文件格式要符合规范,附件的名称要体现出文件主题。 (5) 结尾。邮件在结尾都应有祝福语,如"祝您顺利",还应有发件人的签名,这样对方可以清楚地知道发件人信息。	
回复邮件	收到他人的电子邮件后,应尽快回复对方。理想的回复时间是 2 小时内,特别是对一些紧急且重要的邮件。对每份邮件都立即处理是很占用时间的,对于一些优先级低的邮件可集中在一特定的时间处理,但一般不要超过 24 小时。如果事情复杂,你无法及时回复,那至少要及时地回复"收到了,我们正在处理,一旦有结果就会及时回复"等话语,不要让对方无消息地等待。如果正值出差或休假时收到邮件,应该设定自动回复功能,提示发件人,以免影响工作。	

【训练题目】

你的部门经理要求你针对"双 11"做一次营销活动策划,并告知在下周三中午 12 点前通过电子邮件的方式发送给他。你应该怎么写这个电子邮件?

实训任务 5 收发传真礼仪

传真是将文字、图表、照片等记录在纸面上的静止图像通过扫描和光电变换,变成电信号,经各类信道传送到目的地,在接收端通过一系列逆变换过程,获得与发送原稿相似记录副本的通信方式。在商务交往中,传真是不可或缺的一个工具,起着非常重要的作用。

【训练目标】

(1) 了解使用传真的注意事项。
(2) 掌握收发传真的基本礼仪。

【训练准备】

分组、本实训指导书、场地、传真机。

【训练内容】

训练项目	训练要求	备注
发送传真	发送传真时应先仔细查阅相关资料,传真内容应当包括发件人的信息以及传真文档的日期和页数,并且应写清接收人的全名。 将要发送的文件放到输稿器上,然后拨打对方的传真电话,拨通后会听到"嘀"的一声或是对方人工给予信号,再按开始键和发送键,文件就会扫描传输过去。	
接收传真	对方拨通我方所使用的传真电话,我方需按一下传真机上的开始键,根据传真机显示屏提示选择接收,传真机便可打印出相应的文件。	
使用原则	(1) 合法使用。任何单位或个人在使用自备的传真设备时,均须严格按照电信部门的有关要求,认真履行必要的使用手续,不得私自安装、使用传真设备。 (2) 规范使用。使用传真设备通信时,必须在具体的操作上力求标准而规范,以保证文件的清晰和传输的准确。单位使用的传真设备应当安排专人负责。无人在场而又有必要时,应使之自动处于接收状态。本人或本单位所用的传真机号码应准确无误地告知自己重要的交往对象。为保证万无一失,有必要在向对方发送传真前,向对方通报一下。 (3) 依礼使用。商界人员在使用传真时,必须牢记维护个人和所在单位的形象,必须处处不失礼数。在发送传真时,一般不可缺少必要的问候语与致谢语,在收到他人的传真后,也应当在第一时间内即刻采用适当的方式告知对方。	

【训练题目】

两人为一组,轮流饰演发送者和接收者的角色,进行传真收发的模拟练习。

实训任务 6 手机使用礼仪

当今社会,手机已经成为人们沟通交流必不可少的工具,手机使用是否合乎礼仪规范,直接影响人际沟通效果。因此,要注意手机使用的礼仪细节,给别人留下一个美好的印象。

【训练目标】

（1）了解手机短信沟通礼仪。

（2）掌握手机通话及微信沟通礼仪。

【训练准备】

分组、本实训指导书、场地、手机。

【训练内容】

训练项目	训练要求	备注
手机通话	（1）接、打电话的时间。在商务活动中,因场地限制等原因无法使用办公室座机电话时,也可使用手机进行商务交谈。在接电话时,尽量在铃响 3 声之内接起;在拨打电话时,应在上午 9 点到晚上 9 点之间,而且要避开吃饭、午休、上下班在路上的时间。 （2）接、打电话的地点。不是任何地点都可以接、打电话,要注意场合。不允许接、打手机的地方不要使用手机;在会场、影剧院等场合应关闭手机或出去接、打电话;在宴会等公众场合,接、打电话也应离开或控制音量并尽快结束通话。 （3）接、打电话的内容。商务活动中,接、打电话首先应该进行自我介绍,并做好通话内容的记录;语言尽量简单明了,态度要积极。	
短信沟通	（1）短信要署名。发短信给不熟悉的人时,一定要落款留名。 （2）短信内容要格调高雅。短信内容的选择和编辑要与通话一样文明。 （3）短信发送时间要有所注意。不能过早或过晚给他人发短信,以免影响对方休息,而且在开会、培训等不方便使用手机时,不要发送或查看短信。 （4）短信的使用范围。短信一般用于发送祝福、事件提醒、预约通话或会面等,注意在不同使用环境下的语言编辑侧重有所不同。	
微信沟通	（1）微信聊天时要注意。及时回复他人的信息,若不能及时回复,要在方便的时候向对方解释原因,并表示歉意;能打字的尽量别发语音,语言要简练,适当使用表情符号,不要频繁发送导致刷屏;发送的内容要积极,不可有不良信息;发消息的时间要注意,不能打扰别人休息。 （2）朋友圈管理要注意。不要刷屏式发朋友圈,或将朋友圈作为营销平台频繁地发送广告性质的内容;不要强求别人点赞;个人对朋友圈的点赞、评论和回复也要有所注意,不可以不择内容地盲目点赞或妄加评论;不要轻易拉黑别人。 （3）微信群聊时要注意。不要随意拉别人进群,能私聊的不群聊;发送信息要精简,最好采用发文字的方式,表情符号的使用也要适度。 （4）微信红包使用时要注意。不可随意向别人索要红包或强行要求别人发红包;发红包时要写清红包的用途和目的;群包和私包要分开发送,以免引发矛盾;在微信群中要注意礼尚往来,不可只抢红包不发红包。	

训练项目	训练要求	备注
其他注意事项	（1）手机的放置。在一切公共场合，手机在没有使用时，都要放在合乎礼仪的常规位置，不可有意识地将其展示于人。按惯例，外出携带手机的最佳位置有二：①随身携带的公文包里，这种位置最正规；②上衣的口袋里。 （2）手机铃声设置。铃声的选择应自然、优美，且与他人不同，便于识别。在办公室时手机铃声不宜太大，开会或是其他较为重要的公共场合，手机应设为静音或关机。	

【训练题目】

两人为一组，根据教师设定的情景，进行手机通话和短信沟通的模拟练习。

案例分析

案例：

雷曼兄弟另类"死因"：巴菲特漏看求救短信

巴菲特手机中一个被遗忘数月的语音邮件能够拯救雷曼兄弟？

2008年一个疯狂周末，金融世界陷入崩溃，巴菲特接到了大量的求助电话。美国国际集团（AIG）急切地想筹集180亿美元资金，恳求巴菲特伸出援助之手。巴菲特对他们说："别在我身上浪费时间，我不能为你们做任何事。"周六傍晚6时左右，当巴菲特准备出门参加加拿大埃德蒙顿的一个社交活动时，他接到了巴克莱资本主管戴蒙德的电话。戴蒙德正打算收购雷曼兄弟，将雷曼兄弟从破产边缘拉回来，但他在英国政府那里遇到了困难。因此，戴蒙德想出了另外一个计划，希望巴菲特能提供担保，以便推动交易顺利进行。巴菲特认为："这个交易计划听起来过于复杂，他很难通过一个简短电话搞清楚。"因此，巴菲特让戴蒙德把具体交易计划通过传真发给他。但当巴菲特午夜时分回到酒店房间时，他惊讶地发现什么也没有收到。接下来，雷曼兄弟崩溃了，全球金融体系数天之内也陷入了一场全面的危机。

时间过去了10个月。有一天，巴菲特问女儿苏珊自己手机屏幕上的一个小图标代表什么："你知道这是什么意思吗？"巴菲特承认自己从未真正了解自己手机的基本功能。结果，这正是那天晚上巴菲特一直等待的来自戴蒙德的语音邮件。（这引发了另一个问题：戴蒙德为什么不按照巴菲特所说的那样使用传真呢？）

问题：

（1）请从沟通的角度对雷曼兄弟的另类"死因"进行分析。

分析：_____

_____

_____

（2）此案例在商务沟通方面给你带来了什么启示？

分析：＿＿＿＿＿＿＿＿＿＿＿＿＿＿＿＿＿＿＿＿＿＿＿＿＿＿＿＿＿＿＿＿

＿＿＿＿＿＿＿＿＿＿＿＿＿＿＿＿＿＿＿＿＿＿＿＿＿＿＿＿＿＿＿＿＿＿＿＿＿＿＿

＿＿＿＿＿＿＿＿＿＿＿＿＿＿＿＿＿＿＿＿＿＿＿＿＿＿＿＿＿＿＿＿＿＿＿＿＿＿＿

＿＿＿＿＿＿＿＿＿＿＿＿＿＿＿＿＿＿＿＿＿＿＿＿＿＿＿＿＿＿＿＿＿＿＿＿＿＿＿

模块 3　书信礼仪

书信是一种向特定对象传递信息、交流思想感情的应用文书，可分为私人书信和公务书信两种。书信通过文字将信息传递给客体，有效避免了口头交流过程中的表述不清或理解偏差。

实训任务 7　书信的格式礼仪

书信由信文和信封两部分构成，其中信文包含称谓、问候语、正文、结尾祝颂词、署名及日期，掌握书信的格式要求，将有助于更好地发挥书信的功能。

【训练目标】

掌握书信的格式构成。

【训练准备】

分组、本实训指导书、场地、桌子、椅子、笔、信纸、信封。

【训练内容】

训练项目	训练要求	备注
称谓	应在第 1 行顶格写，后加冒号，以示尊敬。注意要谨慎选择得体的称呼。	
问候语	可用"您好！""近好！"。或者贴合时令、节气、节日的语言，如"新年好！"等。	
正文	正文是书信的主体，可根据对象和所述内容的不同，灵活地采用不同的文笔和风格。一般是每段首行空两格、一事一段。	
结尾祝颂词	写信人在书信结束时应使用向对方表达祝愿、勉慰之情的短语即敬语。多用"此致敬礼""祝您健康"等词语。一般分两行书写，第 1 行空两格书写，第 2 行顶格书写。	
署名及日期	在信文的最后，写上写信人的姓名和写信日期。署名应写在敬语后另起一行靠右位置。一般写给领导或不太熟悉的人，要署上全名，以示庄重、严肃；如果写给亲朋好友，可只写名而不写姓；为表示尊重，署名后面可酌情加启禀词，如"恭呈""谨上""拜上"等。	
封文	封文，即在信封上所写的文字。主要包括收信人的邮政编码、地址、姓名及寄信人的地址、姓名和邮政编码。其中，邮政编码要填写在信封左上方的方格内，收信人的地址要写得详细无误，收信人的姓名应写在信封的中间，字体要略大一些。在姓名后空两三字处写上"同志""先生""女士"等称呼，后加"收""启""鉴"等字。	

【训练题目】

按照书信的格式要求，给自己的父母写一封家书。

实训任务 8　常用书信的书写礼仪

书信的分类方式有多种，每种书信都有其不同的书写内容和要求。

【训练目标】

掌握几种常用书信的内容构成。

【训练准备】

分组、本实训指导书、场地、桌子、椅子、笔、信纸、信封。

【训练内容】

训练项目	训练要求	备注
礼仪文书	礼仪文书由4部分构成：①标题，须简单写明主题、单位或原因，如"致全国金融系统全体员工的慰问信"；②称谓，即收信人/单位的名称、称呼，后加冒号；③正文，要求内容单一明了，语言叙述清楚、切忌失实，而且要根据不同的文书种类选择不同的语言风格和结束语；④落款，即单位、个人名称，年月日，加盖公章注意"齐年压月"，也可写上"此致敬礼"。	
贺信(电)	标题常见的写法有3种：①只写"贺信"或"贺电"二字；②写由谁发出的贺信(电)，如"××公司贺信(电)"；③写明谁给谁的贺信(电)，如"××协会给××公司的贺信(电)"。 标题下一行顶格书写受文单位名称或个人姓名，后缀职务、职称或"先生""女士"。如果是祝贺会议则写会议名称。 正文结构由开头、主体和结尾构成。开头用简练的语言写祝贺之由，并表示祝贺。主体需根据受文对象的不同在内容与措辞方面有所区别。结尾可再次写祝愿、鼓励和希望方面的话。 落款处同一般书信格式，主要是单位、个人名称，年月日。	
感谢信	标题是在第1行的正中用较大的字体写上"感谢信"3个字。有的还在"感谢信"的前边加上一个定语，说明是因为什么事情，写给谁的感谢信。 第2行顶格写对方单位名称或个人姓名，姓名后面可以加适当的称呼，如"同志""先生""女士"等，称呼后用冒号。如果感谢对象比较多，可以把感谢对象放在正文中间提出。 第3行空两格起写正文。正文中要标明时间、地点、原因、事件的具体内容，对自己或单位有什么支持和帮助，有什么好的结果或影响，体现出哪些好的品格和思想，对向其学习提出决心，也可以给予相应表扬的建议。 结尾有祝颂词"此致敬礼"，然后落款处写上单位、个人名称，年月日。	语言要真挚诚恳，感谢的原因要具体，文字精练，热情颂扬对方。

续表

训练项目	训练要求	备注
邀请函	标题由礼仪活动名称和文种名组成,还可包括个性化的活动主题标语,如"阿里巴巴年终客户答谢会邀请函"及活动主题标语——"网聚财富主角"。 称谓使用统称,并在统称前加敬语,如"尊敬的×××先生/女士"或"尊敬的×××总经理(局长)"。 正文主要是商务礼仪活动主办方正式告知被邀请方举办礼仪活动的缘由、目的、事项及要求,写明礼仪活动的日程安排、时间、地点,并对被邀请方发出得体、诚挚的邀请。 正文结尾一般要写常用的邀请惯用语。如"敬请光临""欢迎光临"。落款要写明礼仪活动主办单位的全称和成文日期。	
介绍信	介绍信有两种类型:①用公文信纸书写的便函式介绍信;②印好格式的填表式介绍信,用时按空填写。 便函式介绍信在第 1 行居中写"介绍信"3 个字作为标题。然后另起一行,顶格写收信单位名称或个人姓名,姓名后加"同志""先生""女士"等称呼,再加冒号。正文另起一行,开头空两格写正文,一般不分段。一般要写清楚:派遣人员的姓名、人数、身份、职务、职称等;所要联系的工作、接洽的事项等;对收信单位或个人的希望、要求等,如"请接洽"等;结尾写上表示致敬或者祝愿的话,如"此致敬礼"等;附注注明介绍信的有效期限,具体天数用大写;在正文的右下方写明派遣单位的名称和日期,并加盖公章。 填表式介绍信带存根,有固定的格式,一般由存根、间缝、本文 3 部分组成。存根部分由标题(介绍信)、介绍信编号、正文、开出时间等组成。存根由出具单位留存备查。间缝部分写介绍编号,应与存根部分的编号一致,还要加盖出具单位的公章。本文部分基本与便函式介绍信相同,只是有的要标题下再注明介绍信编号。	

【训练题目】

你的大学同学王琳,因成绩优异,获得了到剑桥大学攻读硕士学位的机会,请你以同学的身份,写一封贺信,表达祝贺。

案例分析

案例:

感　谢　信

　　×××电缆有限公司于××××年××月××日在南京举行隆重开业典礼,此间收到全国各地许多同行、用户以及外国公司的贺电、贺函和贺礼。上级机关及全国各地单位的领导、世界各地的贵宾、国内著名的电缆线路专家等亲临参加庆典,寄予我公司极大的希望,谨此一并致谢,并愿一如既往地与各方加强联系,进行更广泛、更友好的合作。

×××电缆有限公司
董事长:×××
总经理:×××

问题：

（1）评价该感谢信的书写是否符合规范要求。

分析：_____

_____

_____

_____

（2）该感谢信是否存在待改进的地方？ 如果存在，请说明如何改进。

分析：_____

_____

_____

_____

考　核　表

考核内容	考核标准	分值	考核成绩
出勤情况	按时出席，不迟到、不早退	10	
课堂表现	听课认真、反馈积极	10	
训练题目	准备充分、操作正确	20	
	合作默契、善于分享	20	
	能根据题目要求规范填写	10	
案例分析	能结合所学知识与相关资料进行分析，分析有理有据，语言表述清晰	30	
总　分			
学生自评			
组内互评			
教师评语			

第 10 章 仪式礼仪训练

实 训 安 排

模 块 设 计	实训任务设计		学时安排
模块 1 开业仪式礼仪	实训任务 1 开业仪式的筹备礼仪		0.5 学时
	实训任务 2 开业仪式的举行礼仪		
模块 2 剪彩仪式礼仪	实训任务 3 剪彩仪式的准备礼仪		0.5 学时
	实训任务 4 剪彩的人员礼仪		
	实训任务 5 剪彩的程序礼仪		
模块 3 签约仪式礼仪	实训任务 6 签约仪式的准备礼仪		0.5 学时
	实训任务 7 签约仪式的程序礼仪		
模块 4 交接仪式礼仪	实训任务 8 交接仪式的准备礼仪		0.5 学时
	实训任务 9 交接仪式的程序礼仪		
总学时	2 学时		

模块 1 开业仪式礼仪

开业仪式是指单位在建立、开业,或项目落成、移交,以及举办某项活动或开始某项工作时,为了表示纪念或庆贺,按照一定的程序所举行的礼仪活动。筹备和举行开业仪式要始终遵循热烈、隆重而又节俭的原则。

实训任务 1 开业仪式的筹备礼仪

开业仪式的筹备工作是开业仪式成功与否的基础,关系到企业开张的顺利、业务的开展和社会形象的树立。因此,必须做好多方面的准备工作。

【训练目标】

了解开业仪式的筹备礼仪的基本内容。

【训练准备】

分组、本实训指导书、场地、请柬、彩带等喜庆用品。

【训练内容】

训练项目	训练要求	备　注
开业宣传工作	企业可运用传媒广泛发布广告,或在告示栏中张贴开业告示,以引起公众的注意。这些广告或告示内容一般包括开业仪式举行的时间、地点、企业的经营范围和特色、开业的优惠情况等。	宣传广告设计要美观、大方、有特色。
确定宾客名单	一般来说,须邀请上级领导、知名人士、各职能部门的负责人或代表,还应邀请兄弟企业和关系密切的团体、事业单位、个人及新闻媒体方面的人士参加。对邀请出席典礼的宾客要提前将请柬送达其手中,以表达对宾客的敬意。	请柬的选择和书写格式要符合规范。
布置环境	开业仪式的现场布置很重要,应起到烘托气氛的作用。仪式一般在企业门口举行,可在现场悬挂"×××开业典礼"或"×××隆重开业"的横幅或设置拱门,两侧布置一些来宾的贺匾、花篮,会场周围还可张灯结彩,悬挂彩灯、气球,燃放鞭炮或播放音响和鼓乐等,以烘托出热烈、隆重、喜庆的气氛。	
安排接待工作	企业的全体人员,上至经理,下至每一位服务人员,都要修整仪容仪表,统一着装,精神抖擞,热情饱满地提前到岗。宾客到来之前,就要安排好负责人和迎宾人员在规定的位置上恭候。在宾客到来时,按一定的规则有礼貌地引领来宾入场,安排座次,并由专人负责引导来宾签到、留言、剪彩等。	

【训练题目】

（1）选择某企业的开业仪式案例进行分析,评价其筹备工作的优缺点。

（2）以小组为单位,阐述某一具体企业开业的筹备工作有哪些。

实训任务 2　开业仪式的举行礼仪

开业仪式的举行是指在开业仪式当天,所需遵循的程序礼仪、组织参观和座谈礼仪以及欢迎首批顾客光临礼仪等。

【训练目标】

（1）了解开业仪式的举行礼仪的基本内容。

（2）掌握开业仪式的程序礼仪。

【训练内容】

分组、本实训指导书、场地、贺词、彩带。

【训练内容】

训练项目	训练要求	备注
开业仪式程序	开业仪式的程序一般为宣布典礼开始→宣读重要来宾名单→致贺词→剪彩。仪式中,主人致简短贺词向来宾表示感谢,并介绍本企业的经营特点、经营目标等。整个仪式应简洁、紧凑。接着,可安排上级领导和来宾代表致辞。为了活跃气氛,在发言前后可以播放节奏欢快的乐曲,在非限制燃放鞭炮的地区可燃放鞭炮庆贺。	程序可根据具体情况适当增加环节。
组织来宾参观或座谈	开业仪式结束后,主人可带领来宾参观或组织座谈。参观、座谈过程中可以介绍本企业的基本情况,以加深社会各界人士对企业的了解,并广泛征求意见。	
欢迎首批顾客	开业仪式结束后,新店即正式对外营业。店领导为表诚意,可在门口恭候顾客光临。在营业过程中,对首批顾客,营业员更应注重销售礼仪,主动征求顾客意见,热情介绍商品,感谢顾客惠顾,欢迎顾客经常光顾,还可准备一些印有店标字样的礼品赠予顾客作为纪念。	

【训练题目】

(1) 以小组为单位,进行模拟组织参观或座谈训练,教师现场指导。

(2) 为某一具体企业设计开业程序。

案例分析

案例:

2016年夏至,伊姿贝尔佛山店大展雄风。广东佛山是舞狮文化的发祥地,店里当天邀请了优秀的舞狮团进行表演,助兴美容院开业,为美容院带来好彩头。

威武雄狮助腾翔,锣鼓声震天,精彩的舞狮表演,吸引了众多路人驻足观看,鼓掌声,叫好声,赞美声,让表演更加精彩;雄狮吐福,预祝美容院财源广进,生意兴隆。

当天的开业现场热闹非凡,不仅仅有观看舞狮表演的人,更有很多到店前来咨询、了解美容院开业优惠活动的人。如今这些客户也变成了忠实会员,因为店内产品效果,以及优质的服务,让她们更加信赖。

问题:

(1) 请评价伊姿贝尔美容院的开业仪式的特色之处。

分析:

（2）伊姿贝尔美容院的开业仪式是否成功？为什么？

分析：_____

_____

_____

模块 2　剪彩仪式礼仪

剪彩仪式是指商界的有关单位，为了庆祝公司的成立、公司的周年庆典、企业的开工、宾馆的落成、商店的开张、银行的开业、大型建筑物的启用、道路或航道的开通、展销会或展览会的开幕等而举行的一项隆重性的礼仪性程序。

实训任务 3　剪彩仪式的准备礼仪

准备举行剪彩涉及场地的布置、环境的卫生、灯光与音响的准备、媒体的邀请、人员的培训等，在准备这些方面时，必须认真细致，精益求精。

【训练目标】

（1）了解剪彩仪式的准备礼仪的基本内容。
（2）掌握剪彩工具的配备要求及使用方法。

【训练准备】

分组、本实训指导书、场地、红色缎带、新剪刀、白色薄纱手套、托盘以及红色地毯。

【训练内容】

训练项目	训练要求	备注
场地的布置	剪彩仪式的会场一般选在公司、展销会、博览会门口，或在新建设施、新建工程的现场。正门外的广场、正门内的大厅，都是优先考虑的场所。在活动现场可略作装饰营造热烈气氛，如在剪彩之处悬挂写有剪彩仪式具体名称的大型横幅或拱门，悬挂气球，准备音响和灯光设备等。	除了装饰性布置外，还应注意环境的整洁卫生。
拟发通知	事前（一周到半个月）向有关单位和个人发送请柬或刊发广告和张贴告示，特别是对剪彩者应发出郑重邀请。剪彩者一般是上级领导、主管部门负责人或某一方面的知名人士，而且是有较高威望、深受大家尊敬和信任的人。	

训练项目	训练要求	备　注
选定剪彩人员	剪彩人员主要是指剪彩者与助剪者,需要对其进行认真选拔并事先开展必要的培训。 剪彩者,即在剪彩仪式上持剪刀剪彩之人。根据惯例,剪彩者可以是一个人,也可以是几个人,但是一般不应多于5人。通常,剪彩者多由上级领导、合作伙伴、社会名流、员工代表或客户代表所担任。 助剪者是指在剪彩者旁边为其提供帮助的人员。一般而言,助剪者多由东道主一方的女职员担任。也可以聘请专门的礼仪小姐。具体而言,在剪彩仪式上服务的礼仪小姐,又可以分为迎宾者、引导者、服务者、拉彩者、捧花者、托盘者。迎宾者的任务,是在活动现场负责迎来送往;引导者的任务,是在进行剪彩时负责带领剪彩者登台或退场;服务者的任务,是为来宾尤其是剪彩者提供饮料,安排休息之处;拉彩者的任务,是在剪彩时展开、拉直红色缎带;捧花者的任务,则是在剪彩时手托花团;托盘者的任务,则是为剪彩者提供剪刀、手套等剪彩用品。在一般情况下,迎宾者与服务者应不止一人。引导者既可以是一个人,也可以为每位剪彩者各配一名。拉彩者通常应为两人。捧花者的人数则需要视花团的具体数目而定,一般应为一花一人。托盘者可以为一人,也可以为每位剪彩者各配一人。有时,礼仪小姐也可身兼数职。	剪彩者名单需在仪式举行前确定,并且要尽早告知对方进行准备。
准备剪彩工具	(1) 红色缎带。即剪彩仪式之中的"彩"。作为主角,它自然是万众瞩目之处。按照传统的做法,它应当由一整匹未使用过的红色绸缎,在中间结成数朵花团而成。目前,有些单位用长度为两米左右的细窄红色缎带取而代之。红色缎带上所结的花团,不但要生动、硕大、醒目,而且其具体数目往往还同现场剪彩者的人数直接相关。一般来说,红色缎带上所结的花团的具体数目有两类模式可依:①花团的数量较现场剪彩者的人数多一个;②花团的数量较现场剪彩者的人数少一个。前者可使每位剪彩者总是处于两朵花团之间,尤显正式。后者则不同常规,也有新意。 (2) 新剪刀。是专供剪彩者在剪彩仪式上正式剪彩时所使用的。它必须是每位现场剪彩者人手一把,而且必须崭新、锋利而顺手。事先,一定要逐把检查一下将被用于剪彩的剪刀是否已经开刃,好不好用。务必确保剪彩者在正式剪彩时,可以"手起刀落",一举成功,而不能一再补刀。在剪彩仪式结束后,主办方可将每位剪彩者使用的剪刀经过包装之后,送给对方作为纪念。 (3) 白色薄纱手套。是专为剪彩者所准备的。在正式的剪彩仪式上,剪彩者剪彩时最好每人戴上一副白色薄纱手套,以示郑重。除了要确保其数量充足之外,还须大小适度、崭新平整、洁白无瑕。有时,也可不准备白色薄纱手套。 (4) 托盘。是剪彩仪式上托在礼仪小姐手中,用作盛放红色缎带、新剪刀、白色薄纱手套的。在剪彩仪式上使用的托盘,最好是崭新的、洁净的,通常首选银色的不锈钢制品。为了显示正规,可在使用时铺上红色绒布或绸布。就其数量而言,在剪彩时,可以用一只托盘依次向各位剪彩者提供剪刀与手套,并同时盛放红色缎带;也可以为每一位剪彩者配置一只专用托盘,同时使红色缎带专由一只托盘盛放。后一种方法显得更加正式一些。 (5) 红色地毯。主要铺设在剪彩者正式剪彩时的站立之处。其长度可视剪彩人数的多寡而定,其宽度则不应在1米以下。在剪彩现场铺设红色地毯,主要是为了提高档次,并营造一种喜庆的气氛。有时,也可以不铺设。	

【训练题目】

（1）进行剪彩工具的准备练习，要求掌握各种工具的使用方法。

（2）以小组为单位，设计一个开业剪彩仪式，教师进行指导点评。

实训任务 4　剪彩的人员礼仪

剪彩者是剪彩仪式上的关键人物，其个人形象和言行举止会给到场者留下深刻印象，并直接影响到剪彩仪式的最终效果和企业形象。

【训练目标】

掌握剪彩人员的基本礼仪。

【训练准备】

分组、本实训指导书、场地、剪刀、手套、拉花、托盘。

【训练内容】

训练项目	训练要求	备注
仪容仪表	所有出席的剪彩者和助剪者均应衣着大方、整洁、挺括，容貌要适当修饰，精神要饱满，举止要优雅。按照常规，剪彩者应着套装、裙装或制服，将头发梳理整齐，不允许戴帽子、墨镜。助剪的女士应化淡妆、盘起头发，穿款式、面料、色彩统一的单色旗袍，配肉色连裤丝袜、黑色高跟皮鞋；除戒指、耳环或耳钉外，不佩戴其他任何首饰。有时，助剪者身穿深色或单色的套裙也可。总之，要求她们的穿着打扮必须尽可能地整齐划一。	
入场	主持人宣告进行剪彩时，礼仪小姐应率先登场，排成一行从两侧或右侧依次登台。登台之后，拉彩者与捧花者应站成一行，拉彩者处于两端拉直红色缎带，捧花者各自双手捧一束花团。托盘者应站立在拉彩者与捧花者身后 1 米左右，并且自成一行。剪彩者登台时，宜从右侧出场，并由引导者在其左前方进行引导，使之各就各位。剪彩者应步履稳健、面带微笑、落落大方，不得左顾右盼。当剪彩者均已到达既定位置之后，托盘者应上前一步，到达前者的右后侧，以便为其递上剪刀和手套。	
位次	剪彩者的位次必须予以重视。一般的规矩是：中间高于两侧，右侧高于左侧，距离中间站立者越远位次便越低，即主剪者应居于中央的位置。剪彩者的位次是"右侧高于左侧"，有时也使用"左侧高于右侧"的做法。	

续表

训练项目	训练要求	备注
剪彩	剪彩时,剪彩者应先向左、右两边的助剪者微笑致意,然后集中注意力,佩戴好手套后,右手持剪刀,严肃而认真地将红色缎带剪断。若多名剪彩者同时剪彩,其他剪彩者应注意主剪者的动作,争取与其协调一致,同一时间将红色缎带剪断,并且要注意红色花团应准确无误地落入托盘者手中的托盘里,切勿使之坠地。 剪彩完毕,应立即向四周的人们鼓掌致意,然后放下剪刀、手套于托盘上,并与主人握手道喜或进行礼节性谈话。但时间不宜太长,避免滔滔不绝的高谈阔论。最后在引导者的引导下,从右侧退场。	

【训练题目】

以小组为单位,模拟剪彩入场礼仪、位次礼仪和剪彩礼仪。

实训任务5　剪彩的程序礼仪

剪彩程序应按照惯例有条不紊地执行,宜紧凑,忌拖沓。

【训练目标】

掌握剪彩的程序礼仪。

【训练准备】

分组、本实训指导书、场地、座位、音乐。

【训练内容】

训练项目	训练要求	备注
请来宾入座	在剪彩仪式上,通常只为剪彩者、来宾和本单位的负责人安排座席。在剪彩仪式开始时,应请大家在已排好顺序的座位上就座。在一般情况下,剪彩者应就座于前排。若其不止一人时,则应使之按照剪彩时的具体顺序就座。	
宣布仪式正式开始	主持人宣布仪式开始后,乐队应演奏音乐,若允许现场可燃放鞭炮,全体到场者应热烈鼓掌。此后,主持人应向全体到场者介绍到场的重要来宾,并向他们表示感谢。	
奏国歌	全场起立升国旗、奏国歌。必要时,也可随之演奏本单位的标志性歌曲。	
进行发言	安排主办方和来宾代表进行发言,发言者顺序为:主办方的代表—上级主管部门的代表—地方政府的代表—合作单位的代表等。主办方发言主要介绍此次活动的目的和意义,来宾代表发言主要是祝贺与期望。	来宾发言应言简意赅,每人不超过3分钟。
进行剪彩	在剪彩者进行剪彩时,全体到场者应热烈鼓掌,必要时还可奏乐或燃放鞭炮(若允许)。	
进行参观	剪彩之后,主人应陪同来宾参观,剪彩仪式至此宣告结束。随后主办单位可通过向来宾赠送纪念性礼品,或举行答谢宴会表达谢意。	

【训练题目】

模拟剪彩仪式的场景,注意程序的设置和礼仪。

案例分析

案例:

某公司举行新项目开工剪彩仪式,请来了张市长和当地各界名流嘉宾参加,请他们坐在主席台上。仪式开始时,主持人宣布:"请张市长下台剪彩!"却见张市长端坐没动;主持人很奇怪,重复一遍:"请张市长下台剪彩!"张市长还是端坐没动,脸上还露出一丝恼怒。主持人又宣布一遍:"请张市长剪彩!"张市长才很不情愿地勉强起来去剪彩。

问题:

(1) 本案例中张市长为什么很不情愿地去剪彩?

分析:_____

_____

_____

(2) 结合所学知识回答本案例涉及的剪彩环节应如何优化。

分析:_____

_____

_____

模块 3　签约仪式礼仪

签约仪式是由各方正式代表在有关协议或合同上签字并产生法律效力、体现各方诚意和共祝合作成功的庄严而隆重的仪式。

实训任务 6　签约仪式的准备礼仪

举行签约仪式,是各方对自己履行合同、协议所做的正式承诺,签约也标志着各方关系的进一步发展。因此,签约仪式备受商务人士的重视,为保证签约仪式的顺利完成,事先须完成确定合同文本、选择场地、安排座次等准备工作。

【训练目标】

(1) 了解签约仪式的准备礼仪。

(2) 掌握签约座次安排的原则。

【训练准备】

分组、本实训指导书、场地、桌子、椅子、条幅、合同文本。

【训练内容】

训练项目	训练要求	备注
确定参加人员	应事先确定各方参加签约仪式的人员，并向主方通报以便安排。涉及的人员主要有主签人、助签人及其他参与谈判的人员。首先，要注意主签人的选择，各方主签人的身份应大体相当；其次，助签人应为熟悉仪式程序和签字文本的人员；再次，其他参与谈判的人员也可出席签字仪式；最后，各方出席签字仪式的人员数量应大体相等。	参与签约的人员须注意仪容仪表，一般要求穿着正式的商务套装。
准备合同文本	在举行签约仪式之前，要预备好待签的合同文本。因为文本一旦签字就具有法律效力，所以待签的文本必须是正式的、不再进行任何更改的标准文本。 待签约的正式文本，应由举行签约仪式的主方负责准备，而且应会同有关各方一道指定专人按谈判达成的协议做好文本的校对、翻译、定稿、印刷、装订等工作。按常规，应为在文本上签字的有关各方均提供一份待签文本，必要时，还应为各方提供一份副本。 待签的合同文本应用高档、精美的纸张印刷，按大八开的规格装订成册，并用真皮、仿皮、软木等高档质料作为封面，以示郑重。	涉外合同文本应同时使用各方法定的官方语言。
签约场所布置	签约仪式的场所一般选择专设的签字厅、酒店会议室、公司会议室或会客厅。不论签约场所的布置风格和位置如何，都应得到各方的同意。 一间标准的签约厅，室内应当铺满地毯。除了必要的签约用桌椅外，其他一切的陈设都不需要。签约桌一般为长方形，桌面上铺设深冷色台布。签约桌上摆放由各方保存的文本及签字笔、吸墨器等文具。如果是国内企业之间签约，一般在签约桌椅前摆放各方企业名称的席位牌；如果是与涉外企业签约，则须在各方签约桌椅前插放各方国旗。签署双边性合同时，桌后只放两把椅子，供双方签约人签约时就座；签署多边性合同时，可以仅放一把椅子，供各方签约人签约时轮流就座，也可以为每位签约人提供一把座椅。	
签约座次安排	签字时各方代表的座次是由主方先期排定的。合乎礼仪的做法是：在签署双边性合同时，应请客方签约人在签约桌右侧就座，主方签约人应同时就座于签约桌左侧。双方各自的助签人应分别站立于各自一方签约人的外侧，以便随时为签约人提供帮助。双方其他人员可以按照一定的顺序在己方签约人的正对面就座，也可以依照职位的高低依次自左至右（客方）或是自右至左（主方）地列成一行，站立于己方签约人的身后。当一行站不完时，可以按照以上顺序并遵照前高后低的惯例排成两行、三行或四行。原则上，双方随员人数应大体上相近。 在签署多边性合同时，一般仅设一把签约椅。各方签约人签约时，须依照有关各方事先同意的先后顺序，依次上前签约。各方的助签人，应随其主约人一同行动。在助签时，依右高左低的规矩，助签人应站立于签约人的左侧。与此同时，有关各方的随员应按照一定的序列，面对签字约桌就座或站立。	

【训练题目】

以小组为单位,模拟双边性合同的签约仪式准备礼仪。

实训任务 7　签约仪式的程序礼仪

签约仪式是签署合同的高潮,程序须规范、庄重而热烈,应遵循国际惯例或约定俗成的程序,以体现各方的专业素养。

【训练目标】

掌握签约仪式的程序礼仪。

【训练准备】

分组、本实训指导书、场地、桌子、椅子、合同文本、签字笔。

【训练内容】

训练项目	训练要求	备注
签约人就座	各方参加签约仪式的人员共同步入签约厅,互相致意握手后,按照事先的座次安排就座。	
正式签约	按照国际惯例,签约应遵守"轮换制"。即主签人首先签署己方保存的合同文本,而且签在左边首位处,这样使各方都有机会居于首位一次,以显示各方平等、机会均等。签字时,各方助签人分别站立在各自主签人的左侧,协助翻开文本,指明签字处,由主签人在所要保存的文本上签字,然后由助签人将文本递给对方助签人,再由各方主签人分别在其他方所保存的文本上签字。	
交换签约文本	签字完毕,由各方签约人员互换文本,相互握手祝贺合作成功。其他随行人员则应以热烈的掌声表示喜悦和祝贺。	
签约结束退场	签约仪式完毕,应按照各方最高领导、客方签约人员、主方签约人员的顺序有序退场。	

【训练题目】

以小组为单位,分为甲乙两方签约人员,进行签约仪式的现场模拟。

案例分析

案例:

2019 年 7 月 15 日是××电力公司与美国 PALID 公司在多次谈判后达成协议,准备正式签约的日期。××电力公司负责签约仪式的现场准备工作,将公司总部1楼的大会议室作为签约现场,在会计室摆放了鲜花,长方形签约桌上临时铺设了深绿色的台呢布,摆放了中美两国的国旗,美国国旗放在签约桌左侧,中国国旗放在右侧,签约文本一式两份放在黑色塑料的文件夹内,签字笔、吸墨器文具分别置放在两边,会议室空调温度设为20℃。办公室陈主任检查了签约现场,觉得一切安排妥当,他让办公室张小姐通知××电力公司董事长、总经理等我方签约人员在会议室等待,自己到楼下准备迎接客商。

9点,美方总经理一行人乘坐一辆高级轿车,准时驶入××电力公司总部办公楼,司机平稳地将车停在楼前。陈主任在门口迎候,他见副驾驶坐上是一位女宾,陈主任以娴熟优雅的姿势先为前排女宾打开车门,并做好护顶姿势,同时礼貌地问候对方。紧接着,陈主任迅速走到右后门,准备以同样动作迎接后排客人,不料,前排女宾已经先于他打开了后门,迎候后排男宾,陈主任急忙上前问候,但明显感觉女宾和后排男宾有不悦之色。陈主任一边引导客人进入大厅,来到电梯口,一边告知客人,董事长在会议室等待,电梯到达10楼后,陈主任按住电梯控制开关,请客商先出,自己后出,然后引导客人到达会议室。在会议室等待的××电力公司的签约人员在客人进入会议室时,马上起立鼓掌欢迎。刘董事长从座位上站起,主动向对方客人握手,不料,美方客人在扫视了会议室后,似乎非常不满,不肯就座,好像是临时改变了主意,不想签约了。问题出在哪里呢?

问题:

(1) ××电力公司安排的这次签约活动有不当之处吗?请对其进行评判。

分析:＿＿＿＿＿＿＿＿＿＿＿＿＿＿＿＿＿＿＿＿＿＿＿＿＿＿＿＿＿＿＿＿＿＿

＿＿＿＿＿＿＿＿＿＿＿＿＿＿＿＿＿＿＿＿＿＿＿＿＿＿＿＿＿＿＿＿＿＿＿＿＿＿

＿＿＿＿＿＿＿＿＿＿＿＿＿＿＿＿＿＿＿＿＿＿＿＿＿＿＿＿＿＿＿＿＿＿＿＿＿＿

(2) 外方客人不悦的主要原因是什么?

分析:＿＿＿＿＿＿＿＿＿＿＿＿＿＿＿＿＿＿＿＿＿＿＿＿＿＿＿＿＿＿＿＿＿＿

＿＿＿＿＿＿＿＿＿＿＿＿＿＿＿＿＿＿＿＿＿＿＿＿＿＿＿＿＿＿＿＿＿＿＿＿＿＿

＿＿＿＿＿＿＿＿＿＿＿＿＿＿＿＿＿＿＿＿＿＿＿＿＿＿＿＿＿＿＿＿＿＿＿＿＿＿

模块4 交接仪式礼仪

交接仪式,在商界一般是指施工单位依照合同将已经建设、安装完成的工程项目或大型设备,如厂房、商厦、宾馆、办公楼、机场、码头、车站,或飞机、轮船、火车、机械、物资等,经过验收合格,正式移交给使用单位而举行的庆祝典礼。

实训任务8 交接仪式的准备礼仪

准备交接仪式,须做好邀请来宾、布置现场和准备相关物品的工作。

【训练目标】

（1）了解交接仪式的准备礼仪。

（2）掌握交接仪式的现场布置及物品准备工作。

【训练准备】

分组、本实训指导书、场地、桌子、椅子、条幅、验收文件、一览表、钥匙。

【训练内容】

训练项目	训练要求	备注
邀请来宾	一般应由交接仪式的东道主——施工、安装单位负责邀请来宾。在具体拟定来宾名单时,施工单位也应主动征求自己的合作伙伴——接收单位的意见。接收单位对于施工、安装单位所草拟的名单不宜过于挑剔,不过可以对此酌情提出自己的合理建议。 交接仪式的出席人员应当包括施工、安装单位的有关人员,接收单位的有关人员,上级主管部门的有关人员,当地政府的有关人员,行业组织、社会团体的有关人员,各界知名人士、新闻界人士,以及协作单位的有关人员等。邀请来宾时可采用提前发送书面邀请的方式,以示尊重。	主办方工作人员应注意仪容仪表,且接待工作要符合礼仪规范。
布置现场	在选择交接仪式的会场时,通常应视交接仪式的重要程度、出席人数、交接仪式的具体程序与内容,以及是否要求进行保密等几个方面的因素综合而定。根据常规,一般可将交接仪式的举行地点安排在已经建设、安装完成并已验收合格的工程项目或大型设备所在地的现场。有时,也可酌情安排在东道主单位的会议厅,或者由施工、安装单位与接收单位双方共同认可的其他场所,如酒店的多功能厅、外单位出租的礼堂或大厅等。	
准备相关物品	由东道主一方负责提前准备作为交接象征的有关物品,包括验收文件、物品一览表、钥匙等。除此之外,主办方还须为交接仪式的现场准备一些用于烘托喜庆气氛的物品,如横幅、彩带、气球等,并应为来宾准备一份纪念品,如被交接的项目的微缩模型,或以其为主角的画册、明信片、纪念章、领带针、钥匙扣等。	

【训练题目】

以小组为单位,作为交接仪式主办方,制订一份交接仪式的准备计划。

实训任务 9　交接仪式的程序礼仪

主办方在拟定交接仪式的具体程序时,必须注意两个方面：①在总体上按惯例执行,尽量不标新立异；②实事求是、量力而行,在具体的细节上不贪大求全。

【训练目标】

掌握交接仪式的程序礼仪。

【训练准备】

分组、本实训指导书、场地、桌子、椅子、条幅、验收文件、一览表、钥匙。

【训练内容】

训练项目	训练要求	备　　注
宣布开始	主持人宣布交接仪式正式开始后,全体到场者应热烈鼓掌。	
奏国歌	全体起立,升国旗、奏国歌,也可随之演奏东道主单位的标志性歌曲。	
正式交接	由施工、安装单位的代表,将有关工程项目或大型设备的验收文件、一览表或者钥匙等象征性物品,正式递交给接收单位的代表。此时,双方应面带微笑,双手递交、接收有关物品,此后还应热烈握手。	交接后,可演奏或播放喜庆乐曲烘托气氛。
各方代表发言	依次请出施工、安装单位的代表,接收单位的代表,来宾的代表进行简短发言。原则上,每个人的发言时间应控制在 3 分钟以内。	
仪式结束	主持人宣布交接仪式结束后,到场者应再次鼓掌以表示热烈的祝贺,随后可安排全体来宾参观或观看文娱表演。	

【训练题目】

以小组为单位,分为施工、安装单位,接收单位及来宾 3 种角色,进行交接仪式的现场模拟。

案例分析

案例:

2018 年 9 月 3 日 9 时,×××养生会馆竣工移交仪式在会馆门前广场隆重举行。×××置业集团中高层管理人员、工程部全体员工、香港×××酒店管理有限公司总经理以及相关人员出席。

首先,×××置业集团常务副总经理在仪式上致辞。他说,×××养生会馆是由×××置业投资建设的一家按五星级标准设计,集休闲、娱乐于一体的高新区顶级综合性商务会所,也是×××置业集团拓展产业的重要战略举措;交接仪式的进行,标志着酒店前期建设装修工程全面完工,正式进入试运营阶段。说完,他把象征酒店管理权的金钥匙交给了管理方领导。其次,香港×××酒店管理有限公司管理人员带领员工做了士气展示,极富创意的员工服务口号展示,充分体现了酒店用心服务的管理理念。最后,×××置业集团全体参加交接仪式的员工与香港×××酒店管理有限公司全体工作人员合影留念。

交接仪式完成后,与会人员还参观了整个会所。

问题：

（1）指出案例中符合交接仪式礼仪的内容。

分析：＿＿＿＿＿＿＿＿＿＿＿＿＿＿＿＿＿＿＿＿＿＿＿＿＿＿＿＿＿＿

＿＿＿＿＿＿＿＿＿＿＿＿＿＿＿＿＿＿＿＿＿＿＿＿＿＿＿＿＿＿＿＿＿＿＿＿＿＿

＿＿＿＿＿＿＿＿＿＿＿＿＿＿＿＿＿＿＿＿＿＿＿＿＿＿＿＿＿＿＿＿＿＿＿＿＿＿

＿＿＿＿＿＿＿＿＿＿＿＿＿＿＿＿＿＿＿＿＿＿＿＿＿＿＿＿＿＿＿＿＿＿＿＿＿＿

（2）对此次交接仪式进行整体评价，并指出是否有需要优化的地方。如果有，该如何优化。

分析：＿＿＿＿＿＿＿＿＿＿＿＿＿＿＿＿＿＿＿＿＿＿＿＿＿＿＿＿＿＿

＿＿＿＿＿＿＿＿＿＿＿＿＿＿＿＿＿＿＿＿＿＿＿＿＿＿＿＿＿＿＿＿＿＿＿＿＿＿

＿＿＿＿＿＿＿＿＿＿＿＿＿＿＿＿＿＿＿＿＿＿＿＿＿＿＿＿＿＿＿＿＿＿＿＿＿＿

＿＿＿＿＿＿＿＿＿＿＿＿＿＿＿＿＿＿＿＿＿＿＿＿＿＿＿＿＿＿＿＿＿＿＿＿＿＿

考 核 表

考核内容	考核标准	分值	考核成绩
出勤情况	按时出席、不迟到、不早退	10	
课堂表现	听课认真、反馈积极	10	
训练题目	准备充分、操作正确	20	
	合作默契、善于分享	20	
	能根据题目要求规范填写	10	
案例分析	能结合所学知识与相关资料进行分析，分析有理有据，语言表述清晰	30	
总　　分			

学生自评	
组内互评	
教师评语	

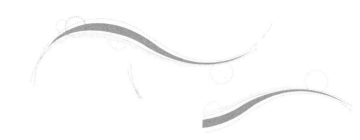

总结篇

第 11 章　实训成果分享

实 训 安 排

模 块 设 计	学 时 安 排
模块 1　礼仪情景剧编排	课外
模块 2　礼仪情景剧表演	1 学时
模块 3　礼仪情景剧总结交流	1 学时
总学时	2 学时

模块 1　礼仪情景剧编排

【训练目标】

通过礼仪情景剧的编排,强化礼仪训练的实效。

【训练准备】

礼仪情景剧剧本、表演道具。

【训练内容】

(1) 以组为单位,每组 5～6 人,根据所学内容编写礼仪情景剧剧本。

(2) 剧本题目自拟,围绕本书中包含的礼仪内容,自行设计剧情。

(3) 每个情景剧表演时间为 10～15 分钟,不需要旁白(如需要旁白,可由其他角色同学兼饰),每个组员至少 3 句台词,每组至少运用所学的 5 个礼仪知识。

(4) 场景搭建在实训教室中完成,服装、道具自备。

【训练题目】

项　目	内　容
剧名	
剧情所涉及的礼仪知识	
所饰角色	

模块 2 礼仪情景剧表演

【训练目标】

通过礼仪情景剧的表演,强化对礼仪知识的记忆。

【训练准备】

礼仪情景剧剧本、表演道具、场景搭建。

【训练内容】

考 核 标 准	分　　值
礼仪知识的综合运用	10
情景剧编排情节合理、主题鲜明	10
角色分配合理、成员合作默契	10
团队现场有表现力、时间控制较好	10
场景、道具、服饰准备充分	10
总　分	

注:

(1) 情景剧表演满分为 50 分。

(2) 情景剧表演打分采取指导教师与观众(以组为单位)综合打分的形式,再算出平均分。

(3) 观众组除打分外,再从表演组中推选两位表演最佳的组员。

【训练题目】

团队表现评价	优点	
	不足	
自我表现评价	优点	
	不足	

模块 3 礼仪情景剧总结交流

【训练目标】

在各组情景剧汇报表演的基础上,进行相互交流,取长补短。

【训练准备】

本实训指导书。

【训练内容】

（1）以组为单位对情景剧表演进行自评、互评。
（2）指导教师进行点评。

【训练题目】

情景剧表演收获

_____

_____

_____

_____

_____

_____

_____

_____

考　核　表

考核内容	考核标准	分值	考核成绩
出勤情况	按时出席,不迟到、不早退	10	
训练题目	能根据题目要求规范填写	10	
情景剧编排过程	能积极参与情景剧编排活动,能根据指导教师要求完成相应任务	10	
情景剧团队成绩	参照本章模块2的考核标准	50	
情景剧个人成绩	在表演中,准备充分,表达流畅,自信大方,仪态、装饰符合角色要求。	20	
总　　分			

学生自评	
组内互评	
教师评语	

第 12 章 实训总结

实 训 安 排

模 块 设 计	学 时 安 排
模块 1 阅读材料	课外
模块 2 实训报告	

模 块 1 阅 读 材 料

【训练目标】

通过阅读材料,使学生陶冶情操,树立正确的人生观、价值观。

【训练准备】

本实训指导书。

【训练内容】

仔细阅读以下材料,并分组展开讨论。

1. 材料 1

在一次东南亚之行告别前举行的记者招待会上,周总理彬彬有礼地回答每一位记者的提问。会场上,所有的记者即使不能得到满意的答复,也无法挑剔周总理的风度。在记者招待会即将结束前,一位外国姑娘向周总理问道:"周总理先生,能不能问您一个私人问题?"

周总理很坦诚地点头,微笑着说:"可以。""您已经 60 多岁了,为什么仍然神采奕奕,记忆非凡,显得这样年轻、英俊?"场内顿时响起友善的笑声和议论声。

当这位素有"东方第一美男子"之称的周总理,声音洪亮地回答道:"因为我是按照东方人的生活习惯生活,所以我至今很健康。"场内顿时掌声如潮!多少年来,东方人从来都是贫穷、落后、愚昧、病夫的代名词。而如今,有了受人尊敬的周总理成为东方人的代表,顷刻间,不分国家、不分政见、不分肤色,只要是东方人都感到了荣幸与骄傲!

周总理如何有这般潇洒、优雅的风度?归其原因,主要有以下两点。

(1)渊博的知识。周总理自小就树立起"为中华之崛起而读书"的远大理想,博览群书,通涉古今。可以说,他在外交场合上表现出来的纵横捭阖、落落大方的外交气质,他那酷似古时先贤的舌战群儒、掷地有声的外交才干,与其渊博的学识是密不可分的。

(2)文明的素养。儒雅的风度还在于文明素养。走进昔日周总理就读的天津南开中学,校门左侧有一大镜,上书:"面必净,发必理,衣必整,纽必结。头容正,肩容平,胸容宽,背容直。气象:勿傲、勿暴、勿怠。颜色:宜和、宜静、宜庄。"

周总理一生就始终以面净、发整、衣挺、纽结、头正、肩平、胸宽、背直、不傲、不怠来要求自己,始终做到和蔼可亲、真诚恳切。可以说,周总理一生温文尔雅、谦逊潇洒的举止大部分得益于此。他平易近人的态度、一心为国、为民的崇高思想更是与此有着紧密联系。

2. 材料 2

一个叫张圆的女生找到我,谈到了她的痛苦感受。她说:"我刚入学的时候,同寝室的同学们对我都挺好的。她们帮助我打饭,有时还帮助我洗衣服,我病了她们给我请医生、拿药。大家在一起有说有笑的,我觉得可好了。现在不知为什么,她们对我不像以前那样好了,也不怎么理我了,心里感到空落落的,感觉特别痛苦。"我问道:"她们给你买饭、洗衣、拿药、端水,你给她们做过什么?"

她说:"我什么也没做过。"

我问:"是没有机会做,还是有机会你没有做?"

她说:"机会肯定是有的,但我认为没有必要刻意做这样或那样的事。"

我回答她:"问题就出在你的所谓的'刻意'上。你把对他人的帮助看作一种好意,并不是一种责任,于是,你就顺理成章地为自己的不作为找到了借口,推卸了自己的责任。同时,你把同学对你的照顾也看作好意,因此也就没有很好地珍惜。由于大家一直都在围着你转,你就理所当然地把自己放在了恒星的位置,而你又没有发出恒星应该发出的光和热。自然大家要离你而去了。"

张圆恍然大悟道:"果然如此!那我该怎么办呢?"

我说:"先做好行星。回去紧紧地围着你寝室的同学转,帮助她们。人家给你做过什么,你也帮助她们做;人家没有为你做的,你也要善于发现她们的需要,积极地去做,及时主动帮人。这样,人们会发现你身上散发着如此可爱的光和热,她们一定会被你吸引,于是,她们还会回来围着你转,你就又回到了恒星的位子。但此时的你,已经是一颗散发着热量的恒星,具有永久的魅力了。人和人要想搞好关系,就要互为恒星和行星,你围着我转,我也围着你转。而要想当恒星者,必须学会先围绕着别人转。这就是'人人为我,我为人人'的道理。"

张圆回去实践了这个观点,后来她给我发来了一条短信:"老师,我又有了恒星的感觉,妙极了!谢谢您!"张圆因为修正了交往观念,得到了积极的情感体验,她的精神面貌也一定是愉快向上的。

3. 材料 3

林肯在竞选美国总统前夕,在参议院演说时,遭到一个参议员的挑衅。参议员说:"林肯先生,在你开始演讲之前,我希望你记住自己是个鞋匠的儿子。"

如果林肯反唇相讥,找出那个参议员的缺陷来还以颜色,他可能会赢得这场嘴仗,但他会失去风度;如果林肯听之任之,假装没听见,那他会失掉别人对他的信心,别人会认为他没有能力阻止别人的侮辱。林肯是怎样有礼有节地回应的呢?

林肯只是平静地回答:"我非常感谢你使我记起了我的父亲。他已经过世了,我一定记住你的忠告,我知道我做总统无法像我父亲做鞋匠那样做得好。"

参议院陷入了一片沉默。

他转过头来对那个傲慢的参议员说:"据我所知,我的父亲以前也为你的家人做过鞋子,如果你的鞋子不合脚,我可以帮你改正它。虽然我不是伟大的鞋匠,但我从小就跟我的父亲学会了做鞋子的技术。"然后,他又对所有的参议员说:"对参议院的任何人都一样,如果你们穿的那双鞋是我父亲做的,而它们需要修理或改善,我一定尽可能的帮忙。但有一点可以肯定,他的手艺是无人能比的。"

这时,所有的嘲笑都化作了真诚的掌声。

林肯并不因"鞋匠的儿子"这一身份而自卑,也不因为别人的嘲笑就不尊重对方,他只是真诚地展示了自己对父亲的尊重,对别人的尊重,对自己的尊重。因为尊重,所以宽容,没有比这种尊重和宽容更有礼貌,更能征服众人心灵的了。他没有失掉他的风度,相反,林肯通过对别人的尊重,有礼有节地赢得了别人对自己的尊重。

有人批评林肯总统对待政敌的态度:"你为什么试图让他们变成朋友呢?你应该想办法打击他们,消灭他们才对!"林肯回答说:"我难道不是在消灭政敌吗?当我们成为朋友时,政敌就不存在了。"据说,两度被选为美国总统的林肯在办公室里挂着这样的条幅:"宽容比批评更能改变人"。

通过这个案例,我们不难领会,学礼仪实际上就是学做人,尊重别人才是礼仪的最高境界。

4. 材料 4

近年来,韩国梨花女子大学附近商圈成为中国游客的热门景点之一。有韩国媒体称,中国游客的行为"侵害学生肖像权和学习权",担心今后韩国大学会成为中国游客的"游乐园",干扰大学的教学秩序。

民间早有戏言,国人的"出游定律",往往跳不出"上车睡觉、下车撒尿、景点拍照"的固有模式。不少人确实还是依着这种"定律"和模式。拍照本无可厚非,但由于相关教育和理念的缺失,一些人要么不分场合,要么大声喧哗,于是给当地人留下了不懂文明自律的"麻烦制造者"印象。

笔者觉得,现在部分富起来了的出国观光客,或多或少还存在一定的"土豪心态",只看到了出国旅游给别人"创造商机",甚至认为"有钱便是爷",因此认为外国人不能再对自己的种种固有习惯说三道四。

不管国内游还是国外游,文明意识和素质思维,无疑已经越来越值得关注与重视。这一"旅游素质课"该好好补上了,某些陋习也要尽早剔除。否则,改变外国民众对中国游客的所谓"偏见"或"成见",就会更加不易和遥远。

（资料来源：司马童.出国旅游该为"旅游素质"补一课[N].光明日报,2014-07-30(02)）

【训练题目】

请树立正确的世界观、人生观和道德观,同时,还必须注重心理健康的培养,它们不仅使你具有良好的精神风貌,还会带给你一个健康、积极、向上、美丽的人生。

通过以上材料的阅读,请大家讨论日常生活中礼仪规范的重要作用以及如何树立正确的人生观、价值观。

_____

_____

_____

_____

_____

_____

_____

模块 2 实 训 报 告

【训练目标】

根据此次实训感受完成实训报告。

【训练准备】

本实训指导书。

【训练内容】

结合实训过程完成实训报告,要求内容翔实,写出真实感受;报告字数不少于 1500 字。

【训练题目】

我国素有"礼仪之邦"之美誉。泱泱大国,华夏礼仪文明精深浩瀚,粲然大备。其鲜明的文化个性,凝结着东方人智慧的结晶令世人瞩目。"国尚礼则国昌,家尚礼则家大,身有礼则身修,心有礼则心泰。"(颜元)有了"礼",我们可以修身、养性、持家、立业;有了"礼",我们可以凝聚人心、激励士气、醇化民风;有了"礼",我们可以繁荣经济,发展政治,推进文明。根据礼仪实训感受完成实训报告,不少于 1500 字。

_____

_____

_____

_____

_____

_____

_____

礼仪实训考核总表

考核内容	考核标准	分值	考核成绩
模块 1　训练题目	能结合生活实际与相关资料进行分析,有理有据,语言表述清晰	40	
模块 2　训练题目	内容翔实、思想深刻、字迹工整、字数符合要求	60	
总　　分			
学生自评			
组内互评			
教师评语			

参 考 文 献

[1] 董乃群,刘庆君.社交礼仪实训教程[M].北京:清华大学出版社,北京交通大学出版社,2012.

[2] 李祝舜,曾武英.旅游服务礼仪实训教程[M].2版.福州:福建人民出版社,2009.

[3] 何叶秋.大学生沟通与礼仪[M].武汉:华中科技大学出版社,2008.

[4] 金正昆.大学生礼仪[M].北京:中国人民大学出版社,2007.

[5] 冯宝琴.礼仪规范教程[M].北京:国家行政学院出版社,2008.

[6] 憨氏.礼仪培训课[M].呼和浩特:内蒙古文化出版社,2005.

[7] 金正昆.商务礼仪教程[M].3版.北京:中国人民大学出版社,2009.

[8] 王蓉晖,兴盛乐.社交礼仪与形象设计[M].北京:企业管理出版社,2007.

[9] 何浩然.实用礼仪[M].合肥:合肥工业大学出版社,2004.

[10] 王金玲,王艳府.图说礼仪[M].重庆:重庆出版社,2008.

[11] 刘芳,彭芳,杨燕.现代礼仪[M].2版.南昌:江西高校出版社,2006.

[12] 鲁琳雯.现代礼仪实用教程[M].银川:宁夏人民出版社,2007.

[13] 麻美英.现代实用礼仪[M].杭州:浙江大学出版社,2006.

[14] 赵敏.新编商务礼仪[M].郑州:中原农民出版社,2007.

[15] 金正昆.职场礼仪[M].北京:中国人民大学出版社,2008.

[16] 胡成富.社交礼仪[M].北京:中国财政经济出版社,2008.

[17] 陆纯梅,范莉莎.现代礼仪实训教程[M].北京:清华大学出版社,2008.

[18] 滕新贤.新编礼仪教程[M].北京:新华出版社,2009.

[19] 朱燕.现代礼仪学概论[M].北京:清华大学出版社,2006.

[20] 王平辉.社交礼仪规范与技巧[M].南宁:广西人民出版社,2008.

[21] 张丽娟.现代社交礼仪[M].北京:清华大学出版社,北京交通大学出版社,2009.

[22] 王庆国.现代实用礼仪[M].郑州:中原农民出版社,2008.

[23] 吕维霞.现代商务礼仪[M].北京:对外经济贸易大学出版社,2006.

[24] 于立新.国际商务礼仪实训[M].北京:对外经济贸易大学出版社,2003.

[25] 李兴国.社交礼仪[M].北京:高等教育出版社,2006.

[26] 未来之舟.仪式礼仪手册[M].北京:海洋出版社,2009.

[27] 李波.商务礼仪[M].北京:中国纺织出版社,2006.

[28] 罗树宁.商务礼仪与实训[M].北京:化学工业出版社,2010.

[29] 王颖,王慧.商务礼仪[M].大连:大连理工大学出版社,2007.

[30] 杜明汉.商务礼仪——理论、实务、案例、实训[M].北京:高等教育出版社,2010.

[31] 贾志强.人一生要懂得的100个商务礼仪[M].北京:中国书店出版社,2006.

[32] 刘小清.营销礼仪[M].大连:东北财经大学出版社,2004.

[33] 吴燕,贺湘辉.职场礼仪与口才实训[M].广州:广东经济出版社,2008.

[34] 金正昆,金龙.秘书工作中的电话礼仪[J].秘书工作,2006(02):11-13.

[35] 陆克斌,李玲玲,靳艳.商务礼仪[M].北京:北京理工大学出版社,2015.

[36] 金正昆.涉外礼仪教程[M].5版.北京:中国人民大学出版社,2018.

[37] 赵春珍.中外礼仪故事与案例赏析[M].北京:首都经济贸易大学出版社,2011.

[38] 国家旅游局.中国公民国内旅游文明行为公约[Z].2006-10-02.

［39］徐慧文.礼仪实务[M].北京：中国人民大学出版社,2014.

［40］孙萍.大学生职业礼仪[M].长沙：中南大学出版社,2014.

［41］曾曼琼,刘家芬.现代礼仪及实训教程[M].北京：化学工业出版社,2014.

［42］韩东.大学生礼仪[M].北京：人民邮电出版社,2014.

［43］曹艺,张沧丽.商务礼仪[M].北京：高等教育出版社,2014.

［44］金正昆.商务礼仪[M].北京：北京联合出版公司,2013.

［45］赵洪立,金波.现代礼仪[M].北京：中国商业出版社,2014.

［46］陈玲,张浩璐.商务礼仪[M].北京：清华大学出版社,2018.

［47］杨茫,赵梓汝.礼仪师培训教程[M].北京：人民交通出版社,2007.

［48］孙晓艳.礼仪规范教程[M].武汉：华中师范大学出版社,2014.

［49］张国斌.礼赢天下[M].北京：中国纺织出版社,2012.

［50］张岩松,宋小峰.使用社交礼仪[M].北京：化学工业出版社,2010.